Alles bio! Südtirol

Verantwortungsvoll sparen und finanzieren.

Ethical Banking.

wissen wofür

FOLIO
SÜDTIROL
ERLEBEN

Karoline Terleth

Alles bio! Südtirol

Einkaufen, übernachten, genießen

Folio Verlag Wien – Bozen

Dieses Buch entstand auf Anregung von Franz Hillebrand.
Die Herausgabe wurde unterstützt vom Bioland Verband Südtirol.

HINWEIS

Alle Angaben erfolgen nach bestem Wissen und Gewissen. Sämtliche Informationen wurden gewissenhaft recherchiert, doch Ruhetage oder Öffnungszeiten können sich kurzfristig ändern. Daher empfehlen wir Ihnen, sich vor einem Besuch zusätzlich telefonisch zu informieren.

....

SYMBOLE

ⓘ   Informationen

◉   Porträt

⊖   Produktporträt

≫   siehe Seite

....

....

© Folio Verlag, Wien – Bozen 2016
Lektorat: Petra Tappeiner
Grafikkonzept: no.parking, Vicenza
Satz und Druckvorstufe: Typoplus, Frangart
Printed in Italy
ISBN 978-3-85256-689-4

www.folioverlag.com

Inhaltsverzeichnis

Kräuterprodukte

Gemüse und Kartoffeln

Getreide

Milch und Milchprodukte

Vorwort

Jeder von uns kann jeden Tag die Welt verändern. Am leichtesten geht es mit der eigenen Geldbörse: Denn jeder Cent, der ausgegeben wird, unterstützt einen bestimmten Wirtschaftszweig. Ich persönlich betrachte das tägliche Einkaufen als politischen Akt und frage mich: Welche Lebensmittelproduktion, welche Textilproduktion und welche energetischen Kreisläufe möchte ich unterstützen? Fragen Sie sich auch manchmal, wo Ihre Lebensmittel herkommen? Hinter solchen Fragen steckt eine große Verantwortung, die wir bereits unseren Kindern beibringen können:

Wo sind die Kartoffeln für meine Pommes frites gewachsen? Wie wurde mein Apfel behandelt? Wie ging es der Kuh, deren Milch ich trinke? Was fraß eigentlich mein Brathühnchen? Hat das Schwein, dessen Speck auf meinem Jausenbrett liegt, jemals die Sonne gesehen?

In diesem Buch finden Sie die Antworten. Ich habe einige der interessantesten Biobetriebe Südtirols beschrieben, damit auch Sie sie kennenlernen. Denn keine Zertifizierung kann oder soll den persönlichen Kontakt zwischen den Menschen ersetzen. Ich empfehle jedem, mit den Biobauern ins Gespräch zu kommen, sich erzählen zu lassen, wo die Pflanzen wachsen, wie sie angebaut und gepflegt werden und wie die Tiere leben. „Seinen" Bauern zu kennen ist in der globalisierten Welt eine unschätzbare Quelle von Lebensqualität.

Karoline Terleth

Einleitung

Bio. Logisch!

„Biologisch" bedeutet, dem griechischen Wortstamm gemäß, „der Lehre des Lebens folgend" und bringt auf den Punkt, was das Wesen der biologischen Landwirtschaft ausmacht: Alle „biologisch" handelnden und wirtschaftenden Personen streben den völligen Einklang mit der Natur an. Sie versuchen, die natürlichen Stoffkreisläufe zu erkennen und so gut es geht zu nutzen, damit sich sogenannte ökosystemische Gleichgewichte einstellen. Sehr häufig passiert es, dass der Mensch zu kurzsichtig agiert und die weitreichenden Folgen seines Handelns erst spät erkennt. Doch die Natur, wie etwa der Boden, hat ein sehr langes Gedächtnis, und die Versäumnisse und Fehler einer Generation können noch Jahrzehnte später ihren Tribut fordern. „Biologisch" denkende und handelnde Menschen haben es sich zum Lebensinhalt gemacht, solche Fehler so gut es geht zu vermeiden. Patentrezept gibt es hierzu natürlich keines. Jeder findet seinen eigenen Weg. Und dieser Weg ist das Ziel. „Bio" ist ein Prozess, eine kontinuierliche Entwicklung. Vor ein paar Jahrzehnten machten sich einige wenige auf diese Reise, nun werden es immer mehr. Manche folgen dem Ruf des Marktes nach mehr Bioprodukten, andere erkennen immer deutlicher die globalen Grenzen der konventionellen Landwirtschaft. Der Weltagrarbericht (www.weltagrarbericht.de) empfiehlt eine weltweite ökologische, kleinbäuerliche Landwirtschaft, um die Ernährung der ständig wachsenden Weltbevölkerung nachhaltig zu sichern. In diesem Sinne gehen die Biobauern Südtirols mit gutem Beispiel voran. Und die Konsumenten regionaler Bioprodukte unterstützen sie dabei. Alles was biologisch ist in Südtirol gibt es auf einen Klick auch im Internet unter www.bioinsuedtirol.it.

Südtirols Biogeschichte

Bereits Ende der 1970er-Jahre interessierten sich einige Südtiroler Landwirte für eine ökologische Alternative zur konventionellen, zunehmend chemisch orientierten Landwirtschaft. Sie entwickelten eine ressourcenschonende und umweltbewusste Wirtschaftsweise, bei der sie anfangs zum Teil herbe Rückschläge hinnehmen mussten. Viele Biopioniere wurden damals als Fortschrittsverweigerer bezeichnet. Heute gelten sie als innovative Marktnischenbesetzer. Entgegen der globalen Tendenzen versuchen sie zunehmend, auf Unabhängigkeit und regionale Kreisläufe zu setzen. Und die Verbraucher danken es ihnen mit steigender Nachfrage nach biologischen Lebensmitteln. Der Anteil der biologischen Landwirtschaft

beträgt in Südtirol rund 2,5 Prozent; etwa 40 Prozent der Bioäpfel in Europa kommen aus Südtirol (Stand bei Erscheinen des Buches).

EU-Biozertifizierung

Seit 1991 gibt es in Europa eine einheitliche Regelung der biologischen Landwirtschaft. Möchte ein Produzent das Wort „biologisch" auf seine Produkte schreiben, muss er seinen Betrieb nach geltendem EU-Gesetz „biozertifizieren" lassen. Er meldet sich behördlich an und wird in das nationale Register der Biobetriebe aufgenommen. Eine unabhängige Kontrollstelle überprüft regelmäßig, ob alle gesetzlichen Vorgaben der jeweiligen Produktionssparte eingehalten werden. Als Konsument erkennt man die gültige Biozertifizierung am EU-Biosiegel, einem Blatt aus weißen Sternen in einem hellgrünen Rechteck, sowie an der Kontrollstellennummer (z. B. IT-BIO-013), die stets vorhanden sein muss.

Bioverbandszertifizierung

Vielen Biobauern sind die Regelungen des EU-Biogesetzes nicht streng genug. Sie haben sich zu Verbänden zusammengeschlossen und eigene, anspruchsvollere Biorichtlinien entwickelt. Deren Einhaltung wird zusätzlich zur gesetzlichen EU-Biozertifizierung von einer unabhängigen Kontrollstelle überprüft. Ob ein Produkt bioverbandszertifiziert ist, erkennt der Verbraucher am jeweiligen Verbandslogo. In Südtirol haben sich die landwirtschaftlichen Biobetriebe u. a. folgenden Bioverbänden angeschlossen: Bund Alternativer Anbauer, Bioland, Demeter, Gäa und Naturland. Im Detail unterscheiden sich die Richtlinien der einzelnen Verbände, in den Grundsätzen stimmen sie allerdings überein: Angestrebt werden Bodenfruchtbarkeit, Ressourcenschonung, gesunde, hochwertige Lebensmittel und Tierwohl.

Die Betriebe

Produzenten und Verarbeiter

Südtirols Biobetriebe sind so vielfältig wie die Südtiroler Landschaft. Ihre Bioproduktpalette reicht von A wie Apfelstrudel bis Z wie Zirbelkiefernöl und enthält alles, was ein biologisch und regional orientierter Konsument sich wünscht. Neben den EU-biozertifizierten Betrieben gibt es viele, die sich streng kontrollierten Verbänden angeschlossen haben. Wie man deren Produkte erkennt und was deren Eigenheit ausmacht, erfahren Sie im folgenden Abschnitt.

Bund Alternativer Anbauer (BAA)

Als erster Bioverband in Südtirol wurde 1987 der Bund Alternativer Anbauer (BAA) gegründet. Es ist der einzige Verband, den es nur in Südtirol gibt. Die Mitglieder sind verschiedenen Kategorien zugeordnet, wobei Betriebe der „Stufe 1" gänzlich auf Pflanzenschutzmittel verzichten. Zu erkennen  sind die BAA-zertifizierten Betriebe und deren Produkte an dem fünfeckigen Logo mit der symbolischen Traube im Mittelpunkt. www.biosuedtirol.it

Bioland-Verband

Der Bioland-Verband ist in Deutschland und Südtirol aktiv. Seit seiner Gründung im Jahr 1991 hat Bioland Südtirol sich zum größten und politisch aktivsten Bioverband des Landes entwickelt. Das Verbandsbüro befindet sich in Terlan. Von dort aus werden die Mitglieder unter anderem durch Beratung (z. B. Umstellungs-, Ökologie- und Naturschutzberatung), Rundschreiben, Organisation von regelmäßigen Fachgruppentreffen, Märkten und Fortbildungsveranstaltungen unterstützt. Für Verbraucher zu erkennen ist die Bioland-Zertifizierung am dunkelgrünen Quadrat mit weißem Bioland-Schriftzeichen. www.bioland-suedtirol.it

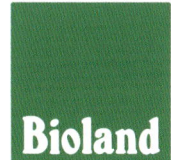

Arbeitsgemeinschaft für die biologisch-dynamische Wirtschaftsweise

Mitte der 1980er-Jahre schlossen sich biodynamisch wirtschaftende Landwirte in Südtirol zu einer Arbeitsgemeinschaft zusammen, um gemeinsam biologisch-dynamische Präparate herzustellen. Diese Präparate bestehen aus Heilpflanzen, Mineralien oder tierischen Elementen, werden unter Beachtung kosmischer Rhythmen hergestellt und dienen z. B. dazu, die Lebendigkeit des Bodens zu fördern. Die Grundsätze der biodynamischen Landwirtschaft postulierte Rudolf Steiner 1924 im Rahmen seines „Landwirtschaftlichen Kurses" in Koberwitz (heutiges Polen). Biologisch-dynamische Produkte erkennt man an der Marke Demeter. www.biodynamik.it

Obst und Trockenobst

Kandlwaalhof, Laas ⓫

Bei Familie Luggin vom Kandlwaalhof in Laas im Vinschgau sind das ganze Jahr über verschiedene Apfelsäfte, Trockenobst, Essige, Senf und Hanfprodukte erhältlich. Es werden ausschließlich eigene Produkte, die auf rund 8 ha angebaut werden, weiterverarbeitet. Die biologischen Kandlwaalhof-Produkte sind nicht nur ab Hof erhältlich, sondern auch in verschiedenen Bioläden und Spezialitätengeschäften in ganz Südtirol zu finden.

Der Kandlwaalhof ist ein richtiger Familienbetrieb: Hier arbeiten drei Generationen der Familie Luggin, und jeder packt dort mit an, wo es gerade nötig ist. „Wir machen so viel wie möglich zusammen", sagt Nadia Luggin, „denn gemeinsam arbeiten ist am schönsten!" Seit dem Jahr 2000 verarbeiten die Luggins ihr Obst am Bioland-Hof selbst. Damals war Vater Karl die treibende Kraft. Zu wissen, was aus den eigenen Früchten gemacht wird und wo sie hinkommen, begeisterte nach und nach die ganze Familie. Ihre Leidenschaft für die Veredelung der Früchte spiegelt sich in der vielfältigen Produktpalette wider. Eine Besonderheit sind zum Beispiel die Produkte aus der Apfelsorte Weirouge. Da diese alte Sorte in Weihenstephan bei München wiederentdeckt wurde, trägt sie im

⊙ MARILLENSENF

Jedes Jahr baut Familie Luggin auf ihren Feldern Senf an – ein seltener Anblick in Südtirol. Zudem gedeihen bei den Luggins auch die für die Gegend typischen Vinschger Marillen. Beides wird am Laaser Familienbetrieb zusammen verarbeitet: Nach der Ernte wird die Senfsaat angequetscht, mit dem eigenen Apfelessig und verschiedenen Gewürzen gequollen und anschließend in einer speziellen Steinsenfmühle gemahlen. Hier entscheidet sich die Körnigkeit des fertigen Senfs – je feiner er sein soll, desto länger wird er gemahlen. Die Marillen werden zu einer Art Konzentrat aufgekocht und dann mit dem Senf vermengt. Der Senf selbst wird nicht erhitzt, sonst würde er seine Schärfe verlieren.

Namen die Silbe „Wei", „rouge" (frz. „rot") steht für das rote Frucht-fleisch. Weirouge ist für den Bioanbau prädestiniert, da sie beson-ders pilzwiderstandsfähig ist. Familie Luggin verarbeitet die Äpfel zu Trockenobst, einem roten Apfelsaft und zu Apfelwein weiter. Die verschiedenen Apfelweine vom Kandlwaalhof sind vor allem in der Gastronomie beliebt, wo sie beim Kochen von Risottos und speziel-len Hühnchengerichten verwendet werden. Die verschiedenen Essige reifen in Holzfässern und werden mit Holunderblüten, Gartenkräu-tern, Himbeeren oder roten Rüben verfeinert. Zudem findet der Apfelessig bei der Senfbereitung Verwendung. Am Kandlwaalhof werden Marillen-, Birnen-, Kräuter- und der körnigere Bauernsenf sowie Tiroler Senf hergestellt. Um die Fruchtfolge der Senfsaaten auf den Feldern zu bereichern, ist Familie Luggin auf den Hanf ge-kommen. Dieser wurde in Südtirol in der Vergangenheit traditionell zur Fasergewinnung angepflanzt. Der Nutzhanf mit vernachlässig-barem THC-Gehalt darf mit einigem bürokratischen Aufwand und speziellen Kontrollen offiziell angebaut werden. Er wird u. a. zu Sirup weiterverarbeitet. Die Hanfnüsse werden wie Getreide gedro-schen und kommen ins Müsli oder finden als Mehl in der Küche Verwendung. Eine weitere Spezialität des Kandlwaalhofs ist das Trockenobst: Äpfel, Palabirnen, Marillen, Erdbeeren, Pflaumen und Kirschen werden fein geschnitten und schonend getrocknet. Damit alle Vitamine erhalten bleiben, übersteigen die Temperaturen hier-bei nie 42 Grad Celsius. Der Trocknungsprozess dauert mindestens 48 Stunden, bei Marillen oder Erdbeeren sogar drei Tage.

ⓘ **Kandlwaalhof,** Fam. Luggin, Unterwaalweg 10, Laas, Tel. 0473 626627, www.luggin.net, Öffnungszeiten Hofladen: Mo.–Fr. 8–12 Uhr und 13.30–18 Uhr, Sa. 8–12 Uhr

VI.P BIO, Latsch ⑰

Die Biogenossenschaft VI.P BIO gehört strukturell zu VI.P Coop, dem Zusammenschluss der Vinschgauer Genossenschaften, und zählt rund 170 Mitglieder. Im Detailgeschäft in der Industriezone in Latsch sind ganzjährig Bioland-Äpfel und saisonal auch anderes biologisches Obst sowie Biogemüse erhältlich: Marillen von Juli bis August, Kirschen im August, Birnen von August bis September und Blumenkohl, Sellerie und Lauch von Juli bis September.
ⓘ **VI.P BIO,** Industriezone 9, Latsch, Tel. 0473 723327, bio@vip.coop, Öffnungszeiten Detailgeschäft: Mo.–Fr. 8–11.15 Uhr und 13.30–17 Uhr

Töllerhof, Algund ㉓

Bioselbstbedienung ab Hof: Vom Frühjahr bis in den Spätherbst sind täglich rund 15 bis 20 Gemüsesorten, saisonales Obst sowie Säfte an einem Selfservicestand gegenüber dem Töllerhof erhältlich. Man sucht sich die gewünschte Ware einfach aus, wiegt sie ab und gibt am Ende den von der Waage angezeigten Betrag passend in die Kasse. Praktisch!

Der Töllerhof wurde 1984 von Josef Kröss auf Bio umgestellt und wird seit 1987 nach den Richtlinien des Bunds Alternativer Anbauer als Obst- und Gemüsehof geführt. Auf den rund 7 ha gedeihen verschiedene alte Sorten von Sommer- und Winteräpfeln sowie Birnen, Pfirsiche, Marillen, Kakis, Kirschen, Feigen, Zwetschken, Kiwis und Tafeltrauben. Dazu kommen zahlreiche Gemüsesorten: Salate, Tomaten, Zwiebeln, Kartoffeln, Rote Bete, Karotten, Kraut, Zucchini, Auberginen, Bohnen, Mangold, Rettiche, verschiedene Kürbissorten, Spinat, Gurken, Rauke, Pastinaken, Blaukraut, Wirsing sowie

Schnittlauch und Petersilie. Der Biopionier hat auch Apfelsaft und Polentamehl im Angebot, welches nach Verfügbarkeit und Wunsch abgefüllt wird. Das ganze Jahr über ist Josef Kröss jeden Dienstag am Biobauernmarkt am Bozner Rathausplatz (7.30–12.30 Uhr) und samstags am Bauernmarkt in Meran (Galileistraße, 7.30–12.30 Uhr) an seinem Stand anzutreffen. Dort bietet er zusätzlich verschiedene Vollkornbrote aus dem eigenen Getreide an: Roggenbrot, Dinkelbrot, Bauernbrot und ein süßes Apfelbrot.

ⓘ **Töllerhof,** Alte Landstr. 36, Algund, Tel. 328 8660847, toellerhof@gmail.com, Öffnungszeiten Selbstservicestand: Mo.–Fr. 9-18 Uhr, Sa. 9–13 Uhr

Bio Südtirol, Lana ③

Mit nur sechs Apfelproduzenten, die sich 1990 zur Bioland-Verarbeitungsgenossenschaft zusammengeschlossen haben, hat alles angefangen. Mittlerweile trägt die landwirtschaftliche Genossenschaft, zu der rund 180 Mitglieder gehören, den Namen Bio Südtirol. Gemeinsam bewirtschaften die großteils familiär strukturierten Betriebe etwa 600 ha und ernten jährlich ca. 25.000 Tonnen Bioland-Äpfel. Das Sortiment umfasst rund 18 verschiedene Sorten, darunter altbekannte wie Jonagold und Elstar, aber auch robustere Sorten, die einen besonders schonenden Anbau ermöglichen wie Topaz, Pinova und Florina. Erhältlich sind die Äpfel über das Biokistl (❯❯ S. 119) und auf Vorbestellung, in Lager-Kartons zu fünf, sieben und 13 kg, vor Ort in der Industriezone in Lana.

ⓘ **Bio Südtirol,** Industriezone 11a, Lana, Tel. 0473 550200, www.biosudtirol.com, Öffnungszeiten Detailverkauf: nach Vereinbarung

Osiris, Burgstall 42

Die erste biologisch-dynamisch zertifizierte Genossenschaft Südtirols, Osiris, befindet sich direkt neben dem Zugbahnhof von Burgstall und ist ganzjährig geöffnet. Zahlreiche Apfel- und Birnensorten, Beerenobst, Kiwis, Karotten und Kartoffeln sind saisonal erhältlich. Ganzjährig im Angebot sind Äpfel und Apfelprodukte wie Apfelsaft, Apfelmus und Apfelsaftkonzentrat. Zudem gibt es zwei biologisch abbaubare Reiniger.

Bereits 1988 gründeten einige biodynamisch arbeitende Landwirte die Genossenschaft Osiris mit dem Ziel, eine vollkommen eigenständige Vermarktungsstruktur aufzubauen. Die Demeter-zertifizierten Produkte werden mittlerweile von etwa 35 Mitgliedern aus ganz Südtirol angeliefert. Bei den Verarbeitungsschritten vor Ort helfen vormittags einige Bewohner der sozialen Einrichtung für Menschen mit Behinderung „Pastor Angelicus" in Meran mit. Sie übernehmen verschiedene Arbeitsprozesse wie z. B. Verpackung und Etikettierung. Wer auf Nachfrage die Verarbeitungshalle hinter den Verkaufsräumlichkeiten betritt, wird dort herzlich von den freundlichen Helfern begrüßt.

ⓘ **Osiris,** Bahnhofstr. 24, Burgstall, Tel. 0473 292168, www.osiris-coop.it, Öffnungszeiten Detailverkauf: Mo.–Fr. 8.30–11.30 Uhr und 13–16 Uhr

→ BIOLOGISCHE REINIGER AUS SÜDTIROL

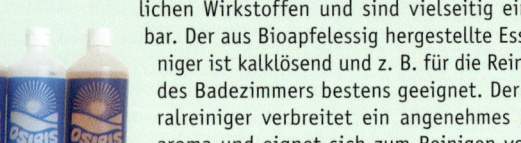

Die biologisch abbaubaren Reiniger der biodynamisch zertifizierten Obstgenossenschaft Osiris basieren zu hundert Prozent auf pflanzlichen Wirkstoffen und sind vielseitig einsetzbar. Der aus Bioapfelessig hergestellte Essigreiniger ist kalklösend und z. B. für die Reinigung des Badezimmers bestens geeignet. Der Neutralreiniger verbreitet ein angenehmes Apfelaroma und eignet sich zum Reinigen von Geschirr, Küchengeräten, Böden, Fenstern und Autos sowie zum Vorbehandeln von stark verschmutzter Wäsche.

Strickerhof, Frangart ⑥⑬

Familie Kasseroller betreibt am Strickerhof in Frangart Obst- und Weinbau in der vierten Generation – und seit 1998 in Bioland-Qualität. Im Hofladen sind vom Sommer bis in den Herbst die jeweils frisch gepflückten Obstsorten erhältlich. Ganzjährig erhältlich sind verschiedene hausgemachte Säfte, Weine und einige Spirituosen.

Am Strickerhof gedeihen zahlreiche Obstsorten: verschiedene Apfelsorten wie Topaz und Gerlinde, Süß- und Sauerkirschen, Aprikosen, Himbeeren, Tafeltrauben, Feigen, Quitten, Kiwis und Kakis. Ein Teil der Früchte wird zu Säften (z. B. Apfelsaft mit Sanddorn oder Erdbeere und Traubensaft), ein weiterer Teil zu Spirituosen verarbeitet, etwa zu Obstler mit Holunderblüte. Sogar einen Wermut-Apfelbrand hat Karl Kasseroller im Sortiment. Und auch bei den Bioweinen ist die Vielfalt am Strickerhof groß: Es stehen drei Weißweine (Bronner, Chardonnay, Goldmuskateller), ein Rosé und fünf verschiedene Rotweine zur Auswahl (Vernatsch, Lagrein und verschiedene Cuvées aus pilzwiderstandsfähigen Rebsorten). Der Lagrein „Ziggelboden" wird aus etwa 60-jährigen Rebstöcken von der gleichnamigen Lage gekeltert. Gepflanzt hat diese Reben Karls Vorfahre Josef Paul Kasseroller, dessen Initialen einigen der Weine vom Strickerhof den Namen geben.
ⓘ **Strickerhof,** Karl Kasseroller, Bozner Str. 62, Frangart/Eppan, Tel. 0471 633402, www.strickerhof-frangart.it, Öffnungszeiten Hofladen: Mo.–Sa. 8–20 Uhr

Santerhof, Mühlbach 105

*Hier, am Eingang des Pustertales, wachsen Äpfel noch auf richtigen
Bäumen. Ein seltener Anblick in Südtirol! Rund 40 Apfelsorten werden von Familie Gasser angebaut, seit 1994 gibt es auch Wein. Saisonal wird ab Hof frisches Obst (Äpfel, Tafeltrauben, Birnen, Pflaumen) und ganzjährig Wein sowie Trauben- und Apfelsaft verkauft.*

Der seit 1541 urkundlich erwähnte Santerhof liegt zwischen der
Pustertaler Straße und dem Mühlbacher Stausee, in dem die Rienz
zur Stromerzeugung gestaut wird. Die Nähe zum See verleiht dem
Hof ein besonderes Flair. Viele Wildvögel, manchmal sogar Grau-
reiher, lassen sich am Sandstrand unter dem Haus beobachten. Biopionier Willi Gasser wirtschaftet seit 1991 biologisch und legt besonderen Wert auf die ökologische Hofgestaltung und die Vielfalt
seiner Kulturpflanzen. Das große Sortenspektrum spiegelt sich im
Geschmack des Apfelsaftes wider. Den Hauptanteil bilden die robusten Sorten Topaz, Pinova und Pilot sowie alte Sorten wie Gravensteiner. Die Weinberge des Bioland-Hofes erstrecken sich von
Mühlbach bis zur Mühlbacher Klause in verschiedenen Lagen. Im
steilen, nicht befahrbaren Gelände baut Willi Gasser pilzwiderstandsfähige Rebsorten an und keltert daraus die Weißweine Primus (Solaris) und Gratus (Johanniter) sowie die Rotweine Rubus (Cabernet
Cortis) und Robustus (Regent).
① **Santerhof,** Wilhelm Gasser, Pustertaler Str. 40, Mühlbach,
Tel. 0472 849632 oder 348 3067054, www.santerhof.eu, Öffnungszeiten Hofladen und Hofführungen nach Vereinbarung.

👁 WILLI GASSER – BIOLAND-PIONIER

Willi Gasser bewirtschaftet den historischen Santerhof in der Nähe der Mühlbacher Klause mit Liebe, Zuversicht und Weitblick. Seine Anfangsjahre als Bauer in den 1980er-Jahren hatten ihm hingegen wenig Freude bereitet. Er wollte weg vom konventionellen Wirtschaften und begab sich auf die Suche nach etwas Neuem. Im Bioanbau hat er es gefunden. „Es bringt nichts, immer nur mit dem Finger auf die anderen zu zeigen, wenn einem etwas nicht passt", sagt er. „Jeder muss bei sich selbst anfangen und seine Hausaufgaben machen." So hat er die Welt ein Stück weit verändert. Willi Gasser ist nämlich einer der zehn Obstbauern, die sich 1991 zusammengetan haben, um den Bioland-Verband Südtirol zu gründen. Mittlerweile zählt der Verband über 500 Mitglieder. Pioniere wie er haben den Weg  für einen starken Bioanbau in Südtirol geebnet, dem heute viele Bauern folgen können. Naturverbundenheit, Umweltschutz und fantasievolle, mutige und funktionierende Landwirtschaft – all das wird auf dem Santerhof vorgelebt. Unter den streuobstwiesenartigen Anlagen mit zahlreichen alten Apfelsorten weiden Heidschnucken, genauer gesagt Vertreter der gefährdeten Schafrasse Skudde. Sie teilen sich den Platz mit Hühnern und Enten. An einigen Stellen in den Wäldern rund um den Hof hat Willi Gasser erhaltene Teilstücke von Trockenmauern und alte Rebstöcke gefunden, die darauf hindeuten, dass es hier in der Vergangenheit schon einmal Weinberge gab. Über die Gründe, warum sie verwilderten, kann er nur mutmaßen, doch er hat es sich zur Aufgabe gemacht, sie wieder zum Leben zu erwecken. Mit den geeigneten Rebsorten gelingt es ihm seit einigen Jahren, die typische Eisacktaler Weinregion nach Norden hin zu erweitern. Einige Jahrgänge sind sogar preisgekrönt!

Auch hier wird biologisches Obst produziert:

St.-Johannes-Hof, Tarsch/Latsch (» S. 69)

S'Standl, Terlan (» S. 62)

Steffelehof, Kaltern (» S. 23)

Marxenhof, Brixen (» S. 27)

Radoar, Feldthurns (» S. 46)

Oberau, Burgstall (» S. 61)

Säfte, Beerenobst, Marmeladen

Gerd Wallnöfer, Prad ❾

Auf rund einem Hektar baut Gerd Wallnöfer im Obervinschgau Äpfel nach Bioland-Richtlinien an. Er hat Gala, Elstar, Golden Delicious, Jonagold und verschiedene alte Sorten im Angebot, die er ab September als Frischobst verkauft oder selbst weiterverarbeitet. Das breite Sortenspektrum ergibt einen besonders geschmacksintensiven Apfelsaft. Dieser ist in Bag-In-Box-Verpackungen zu drei, fünf oder zehn Liter sowie in kleinen Glasflaschen zu 0,25 l erhältlich. Auf Bestellung füllt er den Saft auch in Glasflaschen zu 0,5 und 1 l ab. Als besondere Geschmacksvariation kreiert er Apfelmischsäfte ohne Zucker z. B. mit Pfefferminze, Kirsche oder Himbeere. Außerdem verarbeitet er einen Teil der Äpfel zu Trockenobst und Apfelmus (ungezuckert). Die Bioprodukte von Gerd Wallnöfer sind in seinem kleinen Hofladen sowie in den Naturalia-Filialen (❯❯ S. 98, 102) erhältlich.

ⓘ **Gerd Wallnöfer,** St. Anton 2, Prad am Stilfser Joch, Tel. 333 9564346, www.wallnoefer-apfelsaft.jimdo.com, Öffnungszeiten Hofladen nach Vereinbarung

EVA/Burg Latsch

Ein fünfstöckiger Wehrturm, verwin-
kelte Räume, Geschichten an nahezu
jeder Ecke: Die Burg Latsch ist mehr
als 900 Jahre alt – seit 70 Jahren befindet sie sich im Besitz der Bauernfa-
milie Oberhofer. Mit viel Gespür haben
Klaus und Irmi die Burg restauriert,
seit 1998 bewirtschaften sie den Hof
biologisch. „Das war die beste Ent-
scheidung", sagt Klaus, und man spürt
seine Begeisterung für das nachhaltige
Wirtschaften und die kleinen Kreisläufe.
So verarbeiten die Oberhofers einen Teil ihrer Ernte zu Apfel-, Apfel-
Johannisbeer- und Apfel-Marillensaft sowie zu getrockneten Bio-
apfelringen. Die Produkte gibt es ab Hof und in verschiedenen
Bio- und Fachgeschäften (❯❯ Homepage), den Saft in der 5-Liter-
Bag-In-Box (auch im Onlineshop) sowie in Mehrwegflaschen zu 1 l,
0,75 l und 0,2 l.
ⓘ **EVA/Burg Latsch,** Klaus und Irmi Oberhofer, Bahnhofstr. 14,
Latsch, Tel. 338 4235762, www.eva-bio.com, Öffnungszeiten Hof-
laden nach Vereinbarung

Steffelehof, Kaltern ⑥⑥

*Hermann Luggin vom Steffelehof in St. Nikolaus, oberhalb von
Kaltern Dorf, erzeugt mit Unterstützung seiner Familie nicht nur
zahlreiche Produkte aus seinem biologischen Obst, sondern verfeinert und serviert sie auch persönlich seinen Gästen. Im hofeigenen
Buschenschank kocht Frau Margit mit Sohn Andreas von März bis
November Südtiroler Spezialitäten. Nicht alle in der Küche verwen-
deten Produkte sind biologisch zertifiziert.*

Vom Sommer bis in den Herbst verkauft Hermann Luggin frisches
Obst, Wein und Säfte in seinem Hofladen sowie dienstags auch am
Bauernmarkt in Kaltern und freitags am Bauernmarkt in Bruneck.
Das Sortiment der Biosäfte und Biosirupe am Steffelehof variiert je
nach Jahreszeit und umfasst Traubensaft, Apfelsaft, Apfel-Holun-
dersaft, Apfel-Johannisbeersaft sowie Himbeer-, Holunder- und
Johannisbeersirup. Im Hofladen stehen zusätzlich Produkte von
befreundeten Südtiroler Produzenten zur Auswahl, z. B. Kräuter,
Getreide, Speck und Käse, wobei nicht alles biozertifiziert ist. Die
drei Bioweine vom Steffelehof (ein Weißwein, ein heller und ein

dunkler Rotwein) keltert Hermann Luggin hauptsächlich aus pilz-widerstandsfähigen Rebsorten. Die Verkostung der Weine verbindet man am besten mit einem zünftigen Abendessen im Buschenschank der Familie, im gemütlichen Ambiente der stilvoll sanierten alten Gemäuer. Da Frau Margit ursprünglich aus dem Pustertal stammt, stehen oft auch Pusterer Spezialitäten wie z. B. Pressknödel mit Sauerkraut auf der Speisekarte. Familie Luggin verwendet viele hofeigene Bioprodukte und Zutaten befreundeter Bauern. Nach dem Abendessen kann man direkt ein paar Stufen in den Keller hinuntersteigen und sowohl den Weinkeller, als auch die Hofbrennerei be-sichtigen, wo Hermann Lug-gin ausschließlich Früchte aus eigenem Anbau destil-liert. Nach Voranmeldung be-steht auch die Möglichkeit, ihm beim Brennvorgang über die Schulter zu schauen.

ⓘ **Steffelehof**, Hermann Luggin, Heppenheimerstr. 11, St. Nikolaus/Kaltern, Tel. 0471 963608, www.luggin-steffelehof.com, Öffnungszeiten Buschenschank und Hofladen März–Nov.: Do.–So. ab 17 Uhr und nach Vereinbarung

Außerperskolerhof, Völser Aicha 85

Am idyllisch gelegenen Bioland-Hof von Rudi Maier gedeihen auf rund einem Hektar verschiedene Beeren und auf einem weiteren Hektar Weintrauben. Angelika und Rudi verarbeiten ihr gesamtes Obst erntefrisch direkt am Hof. Saisonal ist das frische Obst (Schwarzbeeren, Schwarze und Rote Johannisbeeren, Himbeeren, Brombeeren, Tafeltrauben und Äpfel) im Hofladen erhältlich, ganzjährig gibt es Säfte, Sirupe, Marmeladen und Essig.

Rudi Maier ist ein Pionier im Südtiroler Beerenanbau. Seit 1997 bewirtschaftet er den Außerperskolerhof nach biologischen Richtlinien und baut verschiedene Beeren an. Vor allem bei den Schwarzbeeren musste er experimentieren, bis es geklappt hat. Diese haben nämlich hinsichtlich der Bodenbeschaffenheit besondere Ansprüche und sind erst ab dem 5. Standjahr im Vollertrag. Zwischen den Beerensträuchern und den Weinstöcken begegnet man Laufenten, die auf der Suche nach ihrer Lieblingsspeise, den Schnecken, sind. Für das Rasenmähen hingegen sind die Weidegänse und Schafe zuständig. Bei den Tieren handelt es sich um vom Aussterben bedrohte Haustierrassen. Der Biobauer hat seinen Familienbetrieb in eine Art Arche Noah verwandelt. Aus diesem Grund hält er auch das seltene Schwarze Alpenschwein. Anfahrt: Richtung Völser Aicha, dann der Beschilderung folgend die schmale Bergstraße hinauf und scharf rechts wieder ein Stück den Berg hinunter. Die Produkte sind zudem bei Naturalia (❱ S. 98, 102), Biokistl (❱ S. 119) und Bioexpress (❱ S. 118) erhältlich.

ⓘ **Außerperskolerhof,** Rudi Maier, Unteraicha 3, Völs am Schlern, Tel. 335 5226401, www.ausserperskolerhof.it, Öffnungszeiten Hofladen nach Vereinbarung

Partschillerhof, Völs am Schlern ⁸⁶

Andreas und Melanie Rungger betreiben den Partschillerhof ober-
halb von Atzwang in der zweiten Generation als Biobeerenbetrieb.
Der Vater von Andreas, Biopionier Pius Rungger, begann bereits in
den 1970er-Jahren mit dem Beerenanbau und spezialisierte den
Betrieb Mitte der 1990er-Jahre auf die Beerenverarbeitung und die
Produktion biologischer Säfte und Marmeladen.

Seit 2009 führt Andreas Rungger mit seiner jungen Familie den
Bioland-Hof am Südhang unterhalb von Völs. Die Freude des Vaters
am Beerenanbau hat er übernommen, die Verarbeitungs- und Abfüll-
technik verfeinert und die Produktpalette erweitert. So verlassen
heute jährlich rund 15.000 Sirupflaschen den Partschillerhof. Auf
ca. 1,5 ha werden Himbeeren, Erdbeeren, Feigen, Kiwis, Johannisbeeren und Holunder angebaut. Dazu kommt etwas Pfefferminze
und Zitronenmelisse, die auch zu Sirup weiterverarbeitet werden.
Zusätzlich werden verschiedene Fruchtaufstriche, Gelees und süß-
scharfe Senf-Fruchtaufstriche hergestellt. Besonders interessant
sind die eingelegten Himbeeren und der Himbeerweinessig. Die
Bioprodukte sind ab Hof, über den Onlineshop und in einigen Biofachgeschäften (❸ S. 96) sowie beim Lieferservice Biokistl (❸ S. 119)
erhältlich. Saisonal ab Hof und nur nach Vereinbarung gibt es Himbeeren und Erdbeeren. Zwei Ferienwohnungen für 2 bis 4 Personen
stehen Urlaubern ganzjährig zur Verfügung.
ⓘ **Partschillerhof,** Andreas Rungger, Völser Ried 17, Völs am
Schlern, Tel. 335 1050500, www.partschillerhof.it, Öffnungszeiten
Hofladen und Hofführungen nach Vereinbarung

Kopp in Bach, Barbian 🟠89

Als Andreas Tasser den stillgelegten Hof 2009 übernahm, setzte er sich das Ziel, ihn wieder zu bewirtschaften – natürlich biologisch. Er baute einen Speltenzaun aus Zirbenholz rund um die Anbauflächen und pflanzte darin verschiedene Blütenpflanzen. Das steile, zerstückelte Gelände auf 900 Höhenmetern ist nicht einfach zu bestellen, doch der Quereinsteiger hat sich schließlich auf Beeren spezialisiert. Er baut auf ca. 3.500 m² Beerenobst nach Bioland-Richtlinien an und verkauft es saisonal frisch ab Hof: Erdbeeren im Juni, Heidelbeeren von Juli bis Mitte August und Himbeeren von August bis Oktober. Dazu kommen im Oktober auch Kastanien, die er von einem kleinen Kastanienhain erntet, den seine Vorfahren einst angelegt hatten.

ⓘ **Kopp in Bach,** Andreas Tasser, Rosengartenstr. 23, Barbian, Tel. 338 1531591, minitasser@hotmail.com, Öffnungszeiten Hofladen nach Vereinbarung

Marxenhof, Brixen 🟠97

Seit 1999 wird der Hof nach biologischen Richtlinien bewirtschaftet. Die Vielfalt am Familienbetrieb beeindruckt: Hier gedeihen über 30 verschiedene Apfel- und Birnensorten wie beispielsweise Gravensteiner, Köstliche, Gute Luise oder Winterzitrone sowie Quitten. Dazu kommt allerhand Beerenobst (Rote und Schwarze Johannisbeeren, Brombeeren), Steinobst (Zwetschken, Mirabellen, Süßkirschen) sowie Kartoffeln, Nüsse und Getreide. Das Bioland- und Demeter-zertifizierte Obst wird zu Apfel- und Birnensaft, Marmeladen und Trockenfrüchten weiterverarbeitet. Ganzjährig wird Urlaub am Biobauernhof angeboten (Vier Ferienwohnungen für 2 bis 5 Personen).

ⓘ **Marxenhof,** Fam. Wolfgang Klammer, Ortnerweg 23, Brixen, Tel. 0472 835541, www.biobauernhof-suedtirol.com, Ab-Hof-Verkauf nach Vereinbarung

Ranerhof, Innichen ⑲

Markus Burgmann produziert mit Lebensgefährtin Sabine eine vielfältige Produktpalette nach Bioland-Richtlinien: Die Aufstriche und Sirupe werden mit wild wachsenden Spezialitäten zubereitet, die auf den hofeigenen Wiesen und Wäldern gesammelt werden. So werden am Ranerhof z. B. honigartige Brotaufstriche aus Fichtenspitzen, Spitzwegerich und Löwenzahn hergestellt, die man auch in Milch oder Tee auflösen kann.

Die Sirupe aus Holunderblüten, Holunderbeeren oder Brennnesseln sind zum Verdünnen mit Wasser geeignet. Zudem kreiert Sabine Wildkräutersalze und Liköre mit Vogelbeeren, Lärchenblüten, Holunderbeeren und Heublumen. Markus kümmert sich um die Mutterkuhhaltung und um die Schweine. Das Fleisch der Tiere wird zu Kaminwurzen verarbeitet und nur auf Bestellung als Frischfleisch verkauft. Auf Anfrage werden auch Caterings und Buffets für spezielle Anlässe angeboten, mit hofeigenen und anderen Bioprodukten. Seit 2015 stehen vier neue, mit schönem Zirbenholz ausgestattete Ferienwohnungen (2 bis 6 Personen) für Urlaubsgäste zur Verfügung. Anfahrt: In Innichen Richtung Innichberg fahren, die kurvige Bergstraße hinauf und beim Gadenhof links abbiegen.

ⓘ **Ranerhof,** Fam. Burgmann, Elzenbachweg 2, Innichen, Tel. 0474 913340 oder 349 4345704, www.raner.it, Ab-Hof-Verkauf nach Vereinbarung

Säfte, Beerenobst und/oder Marmeladen produzieren auch:

Kandlwaalhof, Laas (❱ S. 14)
Migihof, Schleis (❱ S. 68)
Hauserhof, Algund (❱ S. 86)
Strickerhof, Frangart (❱ S. 19)
Manincor, Kaltern (❱ S. 37)
Noál, Salurn (❱ S. 53)

Radstation Bios, Atzwang (❱ S. 22)
Radoar, Feldthurns (❱ S. 46)
Santerhof, Mühlbach (❱ S. 20)
Luech da Uridl, St. Ulrich (❱ S. 79)
Parggenhof, Winnebach (❱ S. 84)

Wein, Bier, Spirituosen

Calvenschlössl, Laatsch ❻

Die ursprünglich aus Flandern (Belgien) stammende Familie Van den dries wagt im Obervinschgau etwas ganz Besonderes: Weinbau auf 970 bis 1.340 Höhenmetern! Das Abenteuer begann 2004, als Franz Van den dries das kleine Häuschen „Calvenschlössl" am Ortsrand von Laatsch erwarb, um dort seinen Ruhestand zu genießen. Aus dem Traum, seinen eigenen Wein zu produzieren, wurde Wirklichkeit: Die Reben gedeihen gut, die Weine sind regelmäßig ausverkauft.

Jungwinzerin Hilde Van den dries kümmert sich um die rund 3 ha Rebflächen, die wegen der speziellen Höhenlage vornehmlich mit PIWI-Rebsorten wie z. B. Solaris, Souvignier gris, Muscaris, Cabernet Cortis und auch mit der für Österreich typischen Rotweinsorte Zweigelt bepflanzt sind. Diese sind den extremen Bedingungen in dieser Höhe angepasst. 2013 kamen noch 6.200 Rebstöcke unterhalb des Klosters Marienberg in Burgeis dazu – dies ist nun einer der höchsten Weinberge Europas! Trinkreif sind diese Bergweine ab 2017. Von den anderen Lagen kommen die Weine Sari (Solaris), Goldboden (Souvignier gris), Lootscher (Cuvée), Schiaßstond (Zweigelt) und Falzeron (Cabernet Cortis). Dass biologisch produziert wird, war für die Quereinsteigerfamilie von Anfang an klar. Das Weingut sowie die Landwirtschaft des Klosters Marienberg sind Bioland-zertifiziert.
ⓘ **Weinhof Calvenschlössl,** Fam. Van den dries, Laatsch 102, Mals, Tel. 0473 835109 oder 347 8186362, www.calvenschloessl.eu, Ab-Hof-Verkauf und Weinbergführungen auf Anfrage

Schlossweingut Stachlburg, Partschins 22

Im historischen Keller der Stachlburg finden regelmäßig Weinproben statt. Besonders sehenswert ist die 300 Jahre alte Torggl (von lateinisch „torculum" = „Presse"), auch Kelter genannt. Fachkundig restauriert, wird sie zu besonderen Anlässen mit viel Körpereinsatz zum Pressen des „Torgglweins" verwendet.

Die mittelalterliche Stachlburg im Ortskern von Partschins kam bereits 1549 in den Besitz der Vorfahren der Freiherren von Kripp. Seit 1990 leitet Sigmund Baron Kripp den landwirtschaftlichen Betrieb. Er hat einen Teil der Obstwiesen auf Weinbau umgestellt und das Schlossweingut gegründet. Seine Weinberglagen befinden sich in Höhenlagen zwischen 300 und 650 m in den Gemeinden Partschins, Andrian und Naturns. In den höchstgelegenen Weinbergen, den Steillagen auf dem Partschinser Kegel, die keinen Maschineneinsatz erlauben, gedeiht der Regent, eine PIWI-Rebsorte. In den restlichen Lagen werden die Sorten Blauburgunder, Chardonnay, Weißburgunder, Ruländer, Gewürztraminer. Grauburgunder, Sauvignon blanc, Lagrein, Merlot und Vernatsch angebaut. Dementsprechend vielfältig ist das Weinsortiment: 5 Rotweine, 1 Rosé (Lagrein Kretzer), 6 Weißweine, 1 Dessertwein (Praesepium) und 2 Sekte. Der Burgherr stellte seinen Betrieb 1998 auf Bio um. Die rund 30.000 Flaschen werden ab Hof und an zahlreichen Verkaufspunkten weltweit verkauft. Die nach Bioland-Richtlinien angebauten Äpfel werden über die VI.P Bio Vinschgau (❯ S. 16) vermarktet.

ⓘ **Schlossweingut Stachlburg,** Baron von Kripp, Peter-Mitterhofer-Str. 2, Partschins, Tel. 0473 968014, www.stachlburg.com, Öffnungszeiten Hofladen: von Ostern bis Allerheiligen Mo.–Sa. 9–12 Uhr und 14.30–19 Uhr, Kellerführungen nach Vereinbarung, Anmeldung zu Weinproben über das Tourismusbüro Partschins, Tel. 0473 967157

Zollweghof, Lana ㉝

Franz Pfeifhofer baut auf den Hügeln oberhalb von Lana, am Eingang zum Ultental, seit 1990 Weintrauben nach biologischen Richtlinien an und keltert diese im uralten Keller des bereits um 1318 erwähnten Zollweghofes.

Im traditionellen Erziehungssystem der Pergel findet man auf dem Zollweghof noch die autochthonen Südtiroler Rebsorten Fraueler und Versoaln; daraus wird die frisch-fruchtige Weißwein-Cuvée „Pfiffikus" gemacht. Den größten Teil der Fläche hat Franz Pfeifhofer mit PIWI-Rebsorten bepflanzt und kreiert daraus die Rotweine

PIWI

Die pilzwiderstandsfähigen Rebsorten, kurz PIWI, sind ursprünglich aus Kreuzungen zwischen europäischen Reben und pilzresistenten amerikanischen Sorten entstanden. Neuere Züchtungen (nach 1950) sind sehr komplex, auch können asiatische Unterarten beteiligt sein. PIWIs sind das Ergebnis eines über Jahrzehnte dauernden Züchtungsprozesses, bei dem immer wieder Rückkreuzungen mit europäischen Vitis-vinifera-Sorten vollzogen wurden, um die Weinqualität zu steigern. Der große Vorteil beim Anbau dieser Sorten besteht darin, dass man nahezu völlig auf Pflanzenschutz verzichten kann. PIWIs sind nämlich gegen die beiden schwersten Pilzkrankheiten der europäischen Reben – dem Echten und dem Falschen Mehltau – resistent. Aus diesem Grund arbeiten viele Südtiroler Biopioniere bereits seit Jahren mit Weißweinsorten wie Bronner, Solaris, Johanniter oder Souvignier gris und Rotweinsorten wie Regent, Cabernet Cortis, Cabernet Carbon oder Prior.

„Unikum" und „Bonifazius", den Rosé „Granat", den Rosé-Sekt „Swing"
und die Weißweine „Goldraut" (Souvignier gris) und Bronner IGT.
Von Ostern bis Ende Oktober bietet die Familie Pfeifhofer an jedem
Mittwoch um 16 Uhr Weinberg- und Kellerführungen mit anschlie-
ßender Weinverkostung an. Anfahrt: Von Lana Richtung Ultental,
oberhalb des Schlosses Braunsberg links hinauf und dann dem
Schild „Zollweghof" folgen – von Lana aus rund 2 Kilometer.
○ **Zollweghof,** Franz Pfeifhofer, Braunsbergerweg 15, Lana,
Tel. 334 9298716 oder 335 5922200, franz.pfeifhofer@dnet.it,
Keller- und Weinbergführungen nach telefonischer Voranmeldung
von Ostern bis Ende Okt.: mittwochs 16 Uhr, Weinverkauf nach
Vereinbarung

Nusserhof, Bozen 60

*Der sich seit 1788 in Familienbesitz befindliche Nusserhof ist eine
idyllische ökologische Oase am Rande des von Industrie geprägten
Stadtteils Bozner Boden. Die warmen, sandigen Böden entlang des
Eisackufers eignen sich bestens zum Anbau der autochthonen Rebsorten Lagrein und Blatterle und des Teroldego, der aus dem
Trentino stammt. Die rund 2,5 ha Rebflächen werden seit 1994
nach Bioland-Richtlinien bewirtschaftet.*

Als Heinrich Mayr 1988 den Nusserhof am Bozner Boden, direkt
neben der Kampiller Brücke, von seinem Vater übernahm, war der
Gemeindebeschluss, dass der historische Hof erhalten bleiben müs-
se, erst fünf Jahre alt. Der einst als „Obstgarten der Bozner" bekannte und gerne auch per Kutsche besuchte Bozner Boden wurde
nämlich im Laufe der Zeit immer mehr von der Stadt vereinnahmt.

Die Handwerkerzone und die Straßen weiteten sich aus, die landwirtschaftlichen Flächen und Hofstellen wurden immer kleiner oder verschwanden ganz. Der Nusserhof, Heimathof von Josef Mayr-Nusser, der aktiv Widerstand gegen Faschismus und Nationalsozialismus geleistet hatte, blieb letztlich von dieser Entwicklung verschont. Heute gedeihen hier Reben, zum Teil umrahmt von wunderbaren Rosenstöcken. Heinrich Mayr keltert aus den Weintrauben die Weine Lagrein Kretzer, Lagrein Riserva, Blatterle, Tyroldego und Elda. Der Südtiroler Ausdruck „Kretzer" leitet sich von der Bezeichnung „Kretze" ab, einem geflochtenen Korb, durch welchen ursprünglich die Beerenhäute vom Most getrennt wurden. Blatterle hingegen ist eine alte, in Vergessenheit geratene Weißweinsorte mit goldgelben, etwas abgeplatteten Beeren. Der Ausbau der beiden Rotweine, Lagrein Riserva und Tyroldego, erfolgt im Stahlfass, die Reifung im Holz. Der Biopionier legt dabei keinen Wert auf die Gerbstoffe des Holzes. Viel wichtiger sind ihm die Traubentannine. Das Ergebnis sind persönliche Weine mit ausgeprägtem Sorten- und Lagencharakter. Ein großer Teil der rund 15.000 jährlich gekelterten Flaschen wird ins Ausland, z. B. in die USA, verkauft. In Südtirol sind die Weine ab Hof, im Winestore in Kardaun, bei Karner Wein Plus in Prad am Stilfser Joch und bei Karadar in Innichen erhältlich. Nach Vereinbarung werden Hofführungen angeboten. Und wer Glück hat, kommt bei einer Führung durch den Keller in den Genuss der Klavierklänge, die ansonsten den Weinen vorbehalten sind. Elda Mayr ist nämlich eine passionierte Musikerin und wenn sie sich an den Flügel oberhalb des Weinkellers setzt, durchschwingen Musikklänge die steinernen Gewölbe.

ⓘ **Nusserhof**, Fam. Heinrich Mayr, Josef-Mayr-Nusser-Weg 72, Bozen, Tel. 0471 978388, Öffnungszeiten Hofladen und Kellerführung nach Vereinbarung

Weingut Schwarhof, Bozen ⑥

Familie Loacker bewirtschaftet rund 7 ha Weinbaufläche in Südtirol und etwa 40 ha in der Toskana (Montalcino und Maremma) biologisch. Jährlich werden insgesamt etwa 250.000 Flaschen produziert. Am Schwarhof in St. Justina wird nach Voranmeldung jeden Donnerstag um 15 Uhr eine Weingutsbegehung mit Kellerbesichtigung und Weindegustation angeboten.

Hayo und Franz Josef Loacker teilen ihre tiefe Passion für den Wein, auch wenn die Brüder über ganz unterschiedliche Wege diese Leidenschaft für sich entdeckt haben. Bei Hayo erweckte Frankreich, genauer gesagt Burgund, die Liebe zu den edlen Traubensäften. Er studierte Önologie in Dijon und sammelte praktische Erfahrungen auf verschiedenen biodynamischen Weingütern. Franz Josef hingegen kochte jahrelang in der gehobenen Gastronomie in England, Frankreich und der Schweiz, bis er zurück in den Familienbetrieb kam. Dass als Bewirtschaftungsform nur der Bioanbau in Frage kommt, ist den beiden hingegen in die Wiege gelegt worden. Vater Rainer Loacker ist ein Pionier des Bioweinbaus. Er begann bereits Ende der 1970er-Jahre seine Weinberge biologisch zu bearbeiten. Sein tief verankertes Naturbewusstsein erweckte das Interesse für die Homöopathie, die er schließlich auch in die Weinberge brachte. Darauf folgte die Biodynamie. „Die Kombination dieser Methoden liegt auf der Hand", erklärt Hayo, „sowohl die biodynamischen Präparate, als auch die homöopathischen Mittel funktionieren nach dem Prinzip, bestimmte Informationen über ein Medium in die Natur bzw. den Körper hineinzubringen, um eine bestimmte Reaktion zu erwecken. Wertvolle Trauben und authentische Weine sind das Ergebnis."
ⓘ **Weingut Schwarhof,** Hayo und Franz Josef Loacker, St. Justina 3, Bozen, Tel. 0471 365125, www.loacker.net, Öffnungszeiten: Mo.–Fr. 8–12.30 und 14–17.30 Uhr, Sa. und So. nach Voranmeldung, Betriebsbesichtigung mit Verkostung nach Vereinbarung

Ebnerhof, Kardaun ⑫

Jungwinzer Urban Plattner betreibt das biologische Familienwein-
gut am Fuße des Rittner Berghangs in zweiter Generation. Inspiriert
von erfolgreichen Biodynamikern der italienischen Weinszene, ar-
beitet er seit einigen Jahren nach biologisch-dynamischen Prin-
zipien. Dadurch fördert er die Vitalität und die Harmonie in den
Weinbergen sowie die Wasserspeicherfähigkeit der Böden.

Seit 1990 bewirtschaftet Familie Plattner die rund 3 ha Rebflächen
des Ebnerhofes nach Bioland-Richtlinien. Die sonnig und trocken
gelegenen Weinberge liegen auf ca. 450 Höhenmetern in südwest-
licher Hangneigung oberhalb von Bozen. Dort gedeihen die Sorten Sauvignon blanc, Vernatsch, Malvasier, Blauburgunder, Lagrein
und Merlot. Der Bioland-Winzer baut einen Teil der Weine sortenrein
und einen Teil in Cuvées aus. Der Vernatsch wird nach alter Südtiroler Tradition mit ca. 10 % Lagrein vermischt, daraus entsteht der
St. Magdalener. Die Weine reifen mindestens zwei Jahre im Keller,
bevor sie in den Verkauf kommen. Erhältlich sind die rund 15.000
Flaschen unter anderem ab Hof und über die Biofachgeschäfte
(⊙ S. 96). Der Ebnerhof hat zudem noch einen zweiten Betriebs-
zweig: Äpfel. Vater Johannes Plattner, Bioland-Pionier der ersten
Stunde, kümmert sich um die rund 3 ha Apfelanlagen im Bozner
Talkessel. Die Bioäpfel werden über die Genossenschaft Bio Südtirol
(⊙ S. 17) vermarktet. Anfahrt: etwa 200 m südlich der Autobahn-
ausfahrt Bozen Nord der Beschilderung folgend den Berg hinauf.
ⓘ **Ebnerhof,** Urban und Johannes Plattner, Unterplatten 21,
Kardaun, Tel. 0471 365120, www.ebnerhof.it, Öffnungszeiten
sowie Hof- und Kellerbesichtigung nach Vereinbarung

Hof Gandberg, Eppan ⑥⁴

Die rund 3 ha Anbauflächen der Familie Niedermayr in Eppan Berg ähneln von Sommer bis Herbst dem Garten Eden: Zwischen den Weinstöcken wachsen Kartoffeln, Getreide und verschiedene Gemüsesorten, unter den Apfelbäumen blühen bunte Blumen und rund um den Hof gackert und schnattert es in allen Farben und Größen. Ab Hof sind ganzjährig Wein sowie saisonal etwas Frischobst, Gemüse und Eier erhältlich.

2012 übernahm Thomas Niedermayr den Familienbetrieb am östlichen Fuß des Gandbergs, der seit 1991 nach Bioland-Richtlinien bewirtschaftet wird. Der gelernte Tischler teilte die Leidenschaft seines Vaters Rudi, eines Bio-Pioniers, für die biologische Landwirtschaft und spezialisierte sich auf die Weinverarbeitung. Jährlich füllt er rund 15.000 Flaschen. Auf den Etiketten steht sein Namenskürzel und das Pflanzjahr des Weinbergs, aus dem die jeweiligen Trauben stammen. Weißweine: T.N. 76 Weißburgunder, T.N. 04 Bronner, T.N. 99 Sonnrain, T.N. 06 Souvignier gris, T.N. 06 Abendrot (Souvignier gris, Maischegärung) sowie der Wein Solaris. Rotwein: Beerl. Auf seinen Rebflächen stehen zu 95 % PIWI-Rebsorten. Erhältlich sind die Weine ab Hof, im Meraner Weinhaus, bei Pur Südtirol sowie bei Karadar in Innichen. Nach Vereinbarung und einem kleinen Unkostenbeitrag bietet Thomas Niedermayr wöchentlich Hofführungen mit Weinverkostung an. Die Äpfel werden über Bio Südtirol (❯ S. 17) vermarktet.

ⓘ **Hof Gandberg,** Thomas Niedermayr, Schulthauserweg 1, Eppan, Tel. 0471 664152, www.thomas-niedermayr.com, Öffnungszeiten Hofladen und Hofführungen nach Vereinbarung

Manincor, Kaltern ⑥⑧

*Manincor gehört zu den größten biologisch-zertifizierten Wein-
gütern Südtirols. Seit 2005 werden rund 50 ha Weinbauflächen
biologisch-dynamisch bewirtschaftet. Michael Goëss-Enzenberg und
seine Frau Sophie legen großen Wert auf eine nachhaltige Wirtschaftsweise, vom Weinberg bis in den Keller. Neben den rund 16
verschiedenen Weinen bereichern Bioapfelsaft, Honig und hausgemachte Marmeladen die Produktpalette des Hofladens.*

Auf die Frage, warum Bio, antwortet Michael Goëss-Enzenberg, „weil
es das Leben bedeutet", und bringt es damit auf den Punkt. Er hatte stets das Glück, in und mit der Natur leben zu dürfen, seine Frau
Sophie hält mit Kräutern und Homöopathie die ganze Familie ge-
sund. Dieselben Prinzipien werden im Weinberg angewandt: Biodynamische Präparate, Brennnessel, Kamille und Ackerschachtelhalm
werden zur Stärkung der Reben ausgebracht. Auch – oder vor allem
– bei einem Biobetrieb dieser Größe ist es sehr wichtig, dass alle
Mitarbeiter das Bewusstsein für die biologische Landwirtschaft
teilen. „Jeder einzelne meiner 50 Mitarbeiter trägt seinen Teil dazu
bei", sagt Michael Goëss-Enzenberg. Um die „Anima", die Seele zurück in die Weinberge zu bringen, werden auch verschiedene Tiere
gehalten, etwa 25 Hühner und 12 Bienenvölker. Von September bis
Mai beleben kleinwüchsige Schafe die 12 ha rund um den Ansitz aus
dem 17. Jahrhundert oberhalb des Kalterer Sees. Um möglichst viele
betriebseigene energetische Kreisläufe zu nutzen, werden Geothermie und andere erneuerbare Energien verwendet. Das Eichenholz für
die Weinfässer stammt teilweise aus dem eigenen Wald.
ⓘ **Manincor**, Michael Graf Goëss-Enzenberg, St. Josef am See 4,
Kaltern, Tel. 0471 960230, www.manincor.com, Öffnungszeiten
Hofladen: Mo.–Fr. 9.30–12.30 und 13.30–18 Uhr, Sa. 10–17 Uhr,
Betriebsbesichtigungen auf Voranmeldung

Alois Lageder, Margreid

Bereits in den 1990er-Jahren unternahm Alois Lageder mit seinem Team Versuche in der biologisch-dynamischen Landwirtschaft und stellte im Jahr 2004 den gesamten Betrieb um. Neben dem Familienweingut, das ca. 50 ha umfasst, hat er 2012 ein zweites Projekt initiiert, mit dem Ziel, auch die Partnerbetriebe (rund 110 ha) zu beraten und diese Schritt für Schritt zur biodynamischen Arbeitsweise hinzuführen.

Die Geschichte des Weingutes der Familie Lageder begann bereits 1823 in Bozen. Das Weingut Ansitz Tòr Löwengang in Margreid kam 1934 in den Familienbesitz. Als Alois Lageder dort 1995 das Kellereigebäude neu errichten ließ, lag sein Fokus auf einer nachhaltigen Bauweise, baubiologischen Materialien, erneuerbaren Energien und schonender Verarbeitung des Lesegutes. Für jene Zeit stellte dies eine Pionierleistung dar. So werden etwa für die Erzeugung von Wärme keine fossilen Energieträger verwendet, um die Emission von CO_2 zu vermeiden. Die Energie wird mit Wasser, Sonne und Geothermie gewonnen. „Als wir damals das Projekt planten, gab es noch sehr wenige Architekten, die Erfahrung mit diesen erneuerbaren Energieträgern hatten", erinnert er sich. Von Anfang an – 1974 übernahm Alois Lageder das Weingut – bewies er großen Weitblick und setzte sich zum Ziel, im Einklang mit der Natur zu wirtschaften. Seit 2015 unterstützt ihn sein Sohn Alois Clemens, der die Bereiche Vertrieb und Marketing verantwortet und das Weingut künftig in sechster Generation leiten wird. Aus den etwa 80 % weißen und den etwa 20 % roten Rebsorten, die in Weingütern in Salurn, Margreid, Bozen, Terlan und im Eisacktal gedeihen, werden über 30 Weine gekeltert. Bereits 14 davon sind biodynamisch zertifiziert und am

Demeter-Blumenlogo auf dem Etikett zu erkennen. Einige weitere befinden sich in Umstellung und werden folgen. Wer sich die Zeit nimmt, das Weingut in seiner Gesamtheit zu erleben, kann nach einer Weinbergbegehung einen Aperitif im „Garten im Schatten des Paradeis" (❷ S. 123) genießen, mit anschließender Ansitz- und Kellerführung und Weinprobe (ca. 3 Stunden). Für mindestens vier Personen werden kürzere Führungen (ca. 1½–2 Stunden) durch den Ansitz und den Weinkeller mit anschließender Verkostung von 4–6 Weinen geboten. Für Interessierte, die ältere und neuere Jahrgänge im Vergleich verkosten möchten, steht eine Führung mit zwei Vertikalverkostungen zur Auswahl (ca. 2½ Stunden). Weitere Führungen auf Anfrage in der Vineria Paradeis (❷ S. 123).

☺ **Weingut Alois Lageder,** Tòr Löwengang, Grafengasse 9, Margreid, Tel. 0471 809500, www.aloislageder.eu, Öffnungszeiten Verwaltung und Keller: Mo.–Do. 8–18 Uhr, Fr. 8–13 Uhr und nach Vereinbarung

Bioweingut Steig, Margreid ❼❸

Othmar Sanin hat in seinem kleinen Bioweingut Steig in Margreid ein ökologisches Paradies geschaffen. Über 30 essbare Wildkräuter gedeihen unter den PIWI-Rebstöcken, welche der Biowinzer in wöchentlich stattfindenden Kräuterführungen Interessierten näherbringt. Krönender Abschluss nach dem Rundgang unter den Pergeln ist die Verkostung verschiedener hausgemachter Wildkräuterprodukte, der Weine, des Traubensaftes und des Traubenkernmehls.

Seit dem Jahr 2000 baut Othmar Sanin rote PIWI-Rebsorten an und keltert daraus einen dunklen Rotwein (Miros) und einen Rosé (Krejos), insgesamt ca. 3.000 Flaschen. Der Name Miros setzt sich aus den Namenskürzeln seiner ältesten Tochter (Melanie) und seiner jüngeren Tochter (Iris) sowie seinen eigenen Initialen zusammen. Krejos leitet sich von Kretzer, der Südtiroler Bezeichnung für Roséwein, und seinen Initialen ab. Dank der Pilzwiderstandsfähigkeit

seiner Rebstöcke braucht der Biobauer keinen Traktor. Er erledigt alle Arbeiten per Hand, auch die komplette Ernte. Diese äußerst bodenschonende Wirtschaftsweise hat zur Entfaltung einer beeindruckenden Wildkräutervielfalt geführt. Von April bis Oktober – oder nach Vereinbarung – teilt Othmar Sanin jeden Dienstagnachmittag gegen einen kleinen Unkostenbeitrag seinen reichen Erfahrungsschatz in Bezug auf die Verwendung und Wirkung von Wildkräutern im Rahmen von Führungen. Neben den Weinen stellt er auch Traubensaft und Traubenkernmehl her. Letzteres ist ein Nahrungsergänzungsmittel, das reich an Vitaminen und Antioxidantien ist. Erhältlich sind seine Bioprodukte nach Vereinbarung ab Hof und auf verschiedenen Biomärkten in Südtirol (z. B. biologisches Erntefest Brixen, ❯❯ S. 141).

ⓘ **Bioweingut Steig**, Othmar Sanin, Bahnhofstr. 6, Margreid, Tel. 335 1420497, sanin.othmar@rolmail.net, Öffnungszeiten Hofladen nach Vereinbarung, Wildkräuterführungen Apr.–Okt.: Di. 15 oder 16 Uhr oder auf Anfrage ab 7 Personen, Dauer ca. 3 Stunden

Ansitz Dornach, Salurn ⑦⑤

Am malerischen Ansitz Dornach, oberhalb von Salurn, befindet sich die biodynamische Weinmanufaktur von Patrick Uccelli. Auf rund 3 ha baut der Jungwinzer seit 2008 nach Demeter-Richtlinien Wein an. Seine Weine haben kurze Namen: XX heißt der rote (Blauburgunder), XY der weiße (Weißburgunder), G. der orange (Gewürztraminer, ❯ Produktporträt). Er lässt die Weine mindestens zwei Jahre im kleinen Keller reifen. Auf Voranmeldung und gegen einen kleinen Unkostenbeitrag erklärt der Biowinzer gerne das Geschehen am Hof und im Keller. Zudem gibt es die Möglichkeit für Urlaub auf dem Biobauernhof in einem Appartement mit historischem Mobiliar.

ⓘ **Ansitz Dornach,** Patrick Uccelli, Dornachstr. 12, Salurn, Tel. 338 6973946, www.ansitzdornach.it, Öffnungszeiten Hofladen und Hofführung nach Vereinbarung

➔ „ORANGE WINE"

Die vierte Weinfarbe neben rot, weiß und rosé ist orange – und international als „Orange Wine" bekannt. Der Name kommt von den tiefgelben bis bernsteinfarbenen oder orangen Farbnuancen, die entstehen, wenn Weißweinrebsorten, wie sonst bei Rotweinen üblich, zusammen mit den Schalen vergoren werden. In historischen Weinregionen wie z. B. Georgien, Slowenien oder dem norditalienischen Karstgebiet hat diese Maischegärung von weißen oder hellroten Trauben eine lange Tradition. In Südtirol hingegen gibt es nur sehr wenige Winzer, die diese Technik erproben. Patrick Uccelli kreiert seit 2012 in seiner Weinmanufaktur oberhalb von Salurn aus den Trauben seines Gewürztraminers einen „Orange Wine", den G. – allerdings nur wenige hundert Flaschen, es ist ein Wein für Liebhaber.

Weingut Haderburg, Buchholz/Salurn 🔢

*In Buchholz, oberhalb von Salurn, liegt das biodynamische Familien-
weingut Haderburg. Der Name weist darauf hin, wo alles begann:
nämlich im Keller der Burgruine, die auf einem schwindelerre-
genden Felssporn oberhalb von Salurn thront. Dort richtete Alois
Ochsenreiter 1977 seinen ersten Sektkeller ein. Mittlerweile befinden sich Keller und Sektlager am Hausmannhof, wo die Familie
auch wohnt.*

Um die Weine und die Versektung kümmert sich Alois Ochsenreiter
zusammen mit seinem Sohn Hannes. Alois' Frau Christine ist für den
Verkauf zuständig und im Weinberg ist Tochter Erika anzutreffen.
Der Familienbetrieb produziert rund 95.000 Flaschen jährlich. Die
Weintrauben werden in verschiedenen Lagen auf insgesamt 10,5 ha
angebaut, in Buchholz, Tramin, Kurtatsch und auch Klausen. Da-
durch entsteht ein vielseitiges Sortiment, welches vier Sekte (Brut,
Pas Dosé, Rosé, Hausmannhof), vier Basisweine (Chardonnay, Sau-
vignon, Gewürztraminer, Blauburgunder), drei Selektionsweine
(Sauvignon, Blauburgunder Riserva, ERAH – eine Cuvée aus Merlot
und Cabernet), einen Dessertwein (Perkeo, Gewürztraminer) sowie
drei Weine von den Eisacktaler Lagen am Obermairlhof (Sylvaner,
Riesling, Gewürztraminer) umfasst.
ⓘ **Weingut Haderburg,** Fam. Ochsenreiter, Buchholz 30, Salurn,
Tel. 0471 889097, www.haderburg.it, Öffnungszeiten Hofladen:
Mo.–Sa. 9–12 Uhr, und Mo.–Fr. 13.30–17.30 Uhr, Kellerführungen
nach Voranmeldung

Weingut Garlider, Feldthurns 93

Das Weingut Garlider liegt oberhalb von Klausen auf 540 bis 800 Höhenmetern. Christian Kerschbaumer baut dort auf steilen Süd-Süd-ost-Hängen Sylvaner, Grünen Veltliner, Müller-Thurgau, Pinot Grigio und Gewürztraminer an. Dazu kommt Pinot Nero, der aber weniger als zehn Prozent der Produktion ausmacht. Insgesamt füllt der Bioland-Winzer jährlich etwa 25.000 Flaschen (5 Weißweine, 1 Rotwein). Die rund 4,3 ha Rebflächen werden seit 2003 nach biologischen Richtlinien bearbeitet, mit Unterstützung der ganzen Familie: Christian Kerschbaumers Eltern, Frau Veronika und – in der schulfreien Zeit – die vier Kinder.
ⓘ **Weingut Garlider,** Christian Kerschbaumer, Untrum 20, Feldthurns, Tel. 0472 847296, www.garlider.it, Öffnungszeiten Hofladen und Hofführungen nach Vereinbarung

Auch in diesen Betrieben wird Biowein produziert

Strickerhof, Frangart (» S. 19)
Steffelehof, Kaltern (» S. 23)
Tröpfltalhof, Kaltern (» S. 71)
Santerhof, Mühlbach (» S. 20)
Radoar, Feldthurns (» S. 46)

Franz Egger, Salurn

Seit 1994 werden angrenzend zum Biotop „Adler-mösl/Paludel" auf 2,6 ha Bioäpfel erzeugt und ab 2002 ein Teil davon zu Cider verarbeitet. Waren es anfangs traditionelle Apfelsorten wie Gravensteiner, setzt der experimentierfreudige Bauer mittlerweile auf robuste und pilzwiderstandsfähige, für den Bioanbau geeignete Sorten wie Topas, Pilot und Goldrush. Da deren Resistenz vom japanischen Wildapfel *(Malus floribunda)* herrührt, hat Egger die neue Serie „Floribunda" getauft: Der Apfel-, Quitten- und Holundercider ist flaschenvergoren (ca. 6 % Vol.), naturtrüb und ungeschwefelt. Erhältlich in den Naturalia-Filialen (❷ S. 98, 102) und im Vinschger Bauernladen in Naturns.
ⓘ **Franz Egger,** Aldo-Moro-Str. 2, Salurn, Tel. 334 1449150, eggfra@gmail.com, Verkauf und Hofführung nach Vereinbarung

AH-Bräu, Franzensfeste ⑩

In der geschichtsträchtigen Sachsenklemme, zwischen Brixen und Sterzing, wo während des Tiroler Freiheitskampfes 1809 die Tiroler Schützen mehrere sächsische Truppen bezwangen, befindet sich heute die erste Biobierbrauerei Südtirols. Biogetreide und Biohopfen werden hier ganzjährig zu hellem Bier, Weißbier und einem saisonal wechselnden Spezialbier veredelt.

Angefangen hat die Sache mit dem Biobier im Grunde mit einem Pizzaofen. Wie viele Südtiroler trinken auch Roland Ganterer und sein Sohn Daniel gerne ein Glas Bier zur Pizza. Und so wurden das

➔ BIOBIER

Bei jedem Brauvorgang, der etwa 3–4 Stunden dauert, werden im AH-Bräu ca. 1.000 Liter Biobier gebraut. Die verwendete gemalzte Biogerste wird dafür kurz vorher frisch gemahlen. Ein Helles und ein Weißbier sind das ganze Jahr über im Angebot, das dritte Bier variiert nach Jahreszeit und Fantasie des Braumeisters: So gibt es z. B. Maibock, rotes Frühlingsbier, Sommerbier mit Ingwer oder Zitronengras, Zirbenbier und Südtiroler Bier aus Gerste aus dem Vinschgau (❷ S. 66). Erhältlich sind die Biobiere in Flaschen oder kleinen Fässern nur in der Sachsenklemme.

bestehende Hotel Sachsenklemme und das Gasthaus mit Pizzeria 2009 noch um eine Brauerei erweitert. Für Bio entschieden haben sich die Ganterers aus persönlicher Überzeugung. Brauereiführungen werden nach Vereinbarung für Gruppen (bevorzugt ab 10 Personen) angeboten und sind kostenlos, sofern anschließend im Haus entweder ein Mittag- oder Abendessen konsumiert wird. Einzelne Interessierte können jederzeit ohne Führung die Braukessel besichtigen, denn diese stehen direkt im Speisesaal. Eine sehr ansprechende Karikatur an der Wand neben der Bartheke erklärt zudem die einzelnen Schritte des Brauprozesses. Das Hotel und die Gastronomie sind im Gegensatz zur Brauerei nicht biozertifiziert.

⊙ **AH-Bräu,** Roland und Daniel Ganterer, Sackweg 1, Franzensfeste, Tel. 0472 837837, www.sachsenklemme.it, Öffnungszeiten Restaurant/Pizzeria: Mo.–So. 10–1 Uhr, Terrasse und Kinderspielplatz vorhanden

Bergerhof, Gargazon ㊹

Ingo Theiner baut am Bergerhof bereits in zweiter Generation biodynamisches Obst (Demeter) sowie Gemüse und Blumen für das benachbarte und der Familie gehörende Biohotel Theiner's Garten (❯ S. 132) an. Seit 2006 ist auch seine Hofbrennerei biozertifiziert. Erhältlich sind die Biodestillate in einem kleinen Shop im Biohotel.

Am Bergerhof wachsen auf rund 7 ha vor allem verschiedene Apfelsorten, aber auch Birnen, Zwetschken, Marillen und Pfirsiche. Als Ingo Theiner sich eine Veredlungsmethode für alle seine Obstsorten überlegte, war die Idee der Hofbrennerei geboren. Hier entstehen jährlich verschiedene Apfeldestillate, z. B. sortenrein wie Braeburn, Gala, Topaz oder Apfel-Anis, Apfel-Holunder, Apfel-Ingwer und Apfelbrand im Holzfass ausgebaut. Dazu kommen Williams, Zwetschke, Quitte, Pfirsich, Marille und Tresterbrand – hierzulande Grappa genannt. Insgesamt kommt der Obstveredler auf rund 14 verschiedene Biodestillate. Das Obst, das nicht veredelt wird, ist bei der Genossenschaft Osiris (❯ S. 18) erhältlich.

⊙ **Bergerhof,** Ingo Theiner, Nationalstr. 14b, Gargazon, Tel. 339 6691120, www.theinersgarten.it/bergerhof, Öffnungszeiten Biohotel-Shop Theiner's Garten: täglich von März–Jan.

Radoar, Feldthurns 94

Die Biooase mit Hofladen und Einkehrmöglichkeit – direkt am Eisack-taler Keschtnweg! Edith und Norbert Blasbichler bieten eine so vielfäl-tige Produktpalette an, dass man beinahe auf das Wandern vergisst. Bei einem guten Glas Wein oder Apfelsaft und gebratenen Kastanien genießt man im Garten die schöne Aussicht auf die Geislerspitzen. Ein besonderes Geschmackserlebnis sind die hofeigenen Destillate.

Neben uralten Kastanienbäumen gedei-hen am Radoarhof biologischer Wein, Äp-fel, Holunderbeeren, Birnen, Zwetschken, Quitten und andere Früchte, die die Blas-bichlers zu verschiedenen Destillaten ver-arbeiten. Verkauft werden die Bioland-Produkte ab Hof: im Herbst Frischobst, das ganze Jahr über Wein (Müller-Thurgau, Kerner, Zweigelt, Blauburgunder-Cuvée), Destillate, Dörrobst, Apfelessig und natur-trüber Apfelsaft. Von September bis De-zember kann man „Wegtörggelen", also gewissermaßen en passant kalte Brotzeit-bretteln und heiße Kastanien genießen. Tipp: Im Herbst lohnt eine Wanderung auf dem Eisacktaler Keschtnweg von Klausen über Pardell zum Radoar (ca. 2 h) und wieder zu Fuß zurück bzw. ab Feldthurns mit dem Linienbus 342.

Radoarhof, Norbert Blasbichler, Pedratz 1, Feldthurns, Tel. 0472 855645, www.radoar.com, Hofladen und Hofführung mit Produktverkostung nach Vereinbarung oder kräftig die Hofglocke anschlagen, Öffnungszeiten Hofladen und Buschenschank Sept.–Dez. durchgehend. Im Herbst Wegtörggelen.

Auch in diesen Betrieben wird Hochprozentiges produziert:

Biobrennerei von Friedrich Steiner, Biohotel Panorama, Mals (❯❯ S. 128)
Kräuterschlössl, Goldrain (❯❯ S. 49)
Strickerhof, Frangart (❯❯ S. 19)
Kräutergärten Wipptal (❯❯ S. 55)
Bergila, Issing (❯❯ S. 58)
Ranerhof, Innichen (❯❯ S. 28)

Wir machen Ihren Alltag nachhaltig.

KOMPETENT
PRAKTISCH
GUT VERNETZT

Ökoinstitut
Südtirol - Alto Adige
Competence network

Talfergasse 2, I-39100 BZ
T: +39 0471 05 73 00
info@oekoinstitut.it
www.oekoinstitut.it

Kräuterprodukte

Stilfser Bergkräuter, Stilfs ❼

Stilfs ist ein kleines Dorf, aus dem die Menschen wegziehen, weil es kaum Arbeit gibt. Siegi Platzer hingegen wollte dableiben, in seinem Heimatdorf leben und auch arbeiten. Mit dem Biokräuteranbau ist ihm das gelungen. Im Herbst 2015 haben er und seine Lebensgefährtin Traude Horvath auch einen Teesalon in Glurns eröffnet. Inmitten der kleinen mittelalterlichen Stadt können die verschiedenen Bergkräutertees verkostet und erstanden werden.

Das Bergdorf Stilfs auf 1.311 m ragt terrassenförmig aus dem steilen Gelände. Zum Gemeindegebiet zählen auch das Suldental und das Trafoital. Dort befinden sich einige der höchsten Berge der Ostalpen wie der Ortler (3.905 m) sowie das durch die berühmte Panoramastraße SS 38 erschlossene Stilfser Joch (2.758 m). Außerdem liegt Stilfs im Stilfser-Joch-Nationalpark. Dort sammeln Siegi und Traude einen Teil ihrer Bergkräuter bis auf 2.500 Höhenmetern. Die aromatischen Inhaltsstoffe dieser Kräuter sind besonders intensiv. Für Gruppen ab sechs Personen werden Hofbesichtigungen mit anschließender Teeverkostung und Kräuterjause angeboten. Im Hofladen, der hier Teesalon genannt wird, werden zudem nach Voranmeldung Teeverkostungen und ein 5-Uhr-Tee organisiert. Auf Anfrage teilt Traude auch gerne ihr Wissen um die Kräuterküche. Siegi bietet donnerstags, von Mai bis September, Kräuterwanderungen im Nationalpark an (9–13 bzw. 15 Uhr, Anmeldungen beim Tourismusverein Prad, Tel. 0473 613015). Die zahlreichen Kräuterprodukte (Teemischungen, Kräuterreinsorten, Küchenkräuter, Kräuterkissen usw.) sind jederzeit über den Onlineshop und in den Teesalons in Stilfs und Glurns erhältlich.

ⓘ **Stilfser Bergkräuter,** Traude Horvath und Siegi Platzer, Dorf 144, Stilfs, Tel. 340 7119330, www.stilfser-bergkraeuter.it, Öffnungszeiten Hofladen/Teesalon Stilfs nach Vereinbarung, Teesalon Glurns mit Bistrot, Laubengasse 11, Glurns, Di.–So. 10–18 Uhr

Kräuterschlössl, Goldrain ⑮

Die Produktpalette des Kräuterschlössls der Familie Gluderer in Goldrain ist genauso vielfältig wie fantasievoll. Sie reicht von biologischen Kräuterlebensmitteln (Tees, Gewürze, Salze, Nudeln, Sirupe, Schokolade, Spirituosen) über Kräuterkosmetik (Marke Plima) bis hin zu verschiedenen Honigprodukten. Biopionier Urban Gluderer bewirtschaftete seine Felder von Anfang an nach biologischen Richtlinien – das war 1990. Im Jahr 2005 erfüllte er sich dann seinen Traum vom Biokräuterschlössl.

Am Kräuterschlössl leben und arbeiten vier Generationen der Familie Gluderer. Vom Frühjahr bis in den Spätherbst helfen alle erwachsenen Familienmitglieder (sogar die Urgroßeltern!) im Glashaus, auf den Kräuterfeldern, bei Wildsammlungen, in den Verarbeitungsräumen und bei der Vermarktung mit – sieben Tage die Woche. Sohn Michael – auch Bienenmichl genannt – kümmert sich zusätzlich um die Bienenvölker und die Haustiere, die in Nachbarschaft zu den Kräutergärten leben. Diese stehen für Besucher kostenlos und rund um die Uhr offen. Jeder darf hier spazieren, die Aussicht genießen, tief den Kräuterduft einatmen und der Familie Gluderer beim Arbeiten zuschauen. Sogar das Picknicken ist hier erlaubt, es wurden eigene Plätze dafür eingerichtet. Im Hofladen stehen Picknickkörbe mit Zubehör bereit, die sich jeder nach Wunsch füllen kann. Zur Auswahl stehen Biospeck, Biokäse und vieles mehr. Was nicht aufgegessen wird, wird einfach

mit nach Hause genommen. Alle Kräuterprodukte sind nicht nur ab Hof, sondern an verschiedenen Stellen in ganz Südtirol (❯❯ Homepage) und im Onlineshop erhältlich.

ⓘ **Kräuterschlössl,** Fam. Urban Gluderer, Schanzenstr. 50, Goldrain, Tel. 0473 742367, www.kraeuterschloessl.it, Öffnungszeiten Hofladen: Sommer täglich 8–18 Uhr, Winter Mo.–Sa. 8–18 Uhr, Hofführungen ab 10 Personen von Mitte Apr. bis Mitte Okt.: Mi. 10.15 Uhr (Anmeldung erwünscht) oder nach Voranmeldung

➔ KRÄUTERNUDELN

Die perfekte Kombination von mediterraner Kochkunst und biologischen Bergkräutern! Grüne und schwarze Bionudeln aus Südtirol sind nicht nur für den Gaumen, sondern auch fürs Auge eine willkommene Abwechslung bei Tisch. Familie Gluderer lässt ihre Biokräuter vom Kräuterschlössl von einem Südtiroler Handwerksbetrieb zu biologischen Kräuternudeln weiterverarbeiten. Die Geschmacksvariationen reichen von Wildkräuternudeln mit Bärlauch über mit Holunderbeersaft schwarz gefärbte Nudeln mit Brennnesseln, Thymian und Rosmarin bis hin zu Waldnuancen mit Lärchenspitzen und Birkenblättern. Besonders typisch für den Vinschgau sind aber die Vinschger-Paarl-Nudeln, die den typischen intensiven Geschmack des traditionellen Brotes nach Brotklee, Kümmel, Fenchel, Koriander und Anis haben. Tipps zur Zubereitung stehen auf der Verpackung! **Zusatzhinweis:** Biologische Vollwertnudeln (z. B. Roggen-/Dinkel-Tagliatelle, Einkorn-Galletti, Pizzoccheri aus Einkorn und Buchweizen) produziert Alexander Groß handwerklich in Lana (www.pastalpina.com).

Kräuterreich Wegleit, St. Walburg/Ulten ③

Im Kräuterreich Wegleit in St. Walburg ist der Name Programm. Man taucht hier ein in ein Reich voll von Kräutern und Besonderheiten. Alle Mitglieder der Familie Schwienbacher bringen ihre Talente und Leidenschaften ein: Seniorchefin Waltraud ist nicht nur Kräuter- und Wollverarbeitungsexpertin, sondern auch Visionärin und Wegbereiterin. Bioland-Bauer Hannes kreiert die zahlreichen Kräuterteemischungen. Seniorchef Erhard kennt die besten Plätze zum Wildkräutersammeln und die Töchter Raffaela und Franziska entwickeln vielseitige Kräuterprodukte und beraten gerne zu Naturkosmetik.

ⓘ **Kräuterreich Wegleit**, Fam. Hannes Schwienbacher, Wegleit 315, St. Walburg/Ulten, Tel. 0473 795386, www.kraeuterreich.com, Öffnungszeiten Hofladen: Di., Do. und Sa. 16–18 Uhr und nach Vereinbarung, Hofführungen von Mitte Mai bis Ende Okt.: Di. 9.45 Uhr, Anmeldung erforderlich

Zum Oberen Hof, Kuppelwies/Ulten ③

Der denkmalgeschützte Erbhof „Zum Oberen Hof" stammt aus dem 12. Jahrhundert und ist einer der ältesten Höfe des Ultentales. Bioland-Bäuerin Margareth Lösch baut hier seit Anfang der 1990er-Jahre auf rund 1.500 m² mit viel Liebe Kräuter an. In ihrem „Kräuterstübchen", das zugleich als Hofladen dient, mischt sie ihre Kräutertees und Gewürzmischungen, füllt sie ab und näht kleine Kräuterkissen. Wer es betritt, ist sofort umhüllt von einem wohltuenden Kräuterduft.

Am Beginn des Ultner Höfewegs in Kuppelwies (Parkmöglichkeiten an der Talstation der Seilbahn zur Schwemmalm), rechts, inmitten einer kleinen Hofgruppe, befindet sich der Heimathof von Kräuterpionierin Margareth Lösch. Sie ist fast immer hier anzutreffen, doch eine Anmeldung ist erwünscht. Der Haupterwerb des Bioland-Hofes ist die Milchwirtschaft. „Aber wenn man einmal ein blühendes Kräuterfeld gesehen hat, dann hört man nie mehr auf mit dem Kräuteranbau", so die beherzte Bäuerin. Obwohl es die Möglichkeit

gäbe, manche Arbeitsschritte maschinell zu erledigen, entscheidet sie sich dennoch für die Handarbeit, die zeitintensiv ist und an ihren Kräften zehrt. So wird etwa die Ernte mit einem Brotmesser erledigt, das immer gut geschärft ist. Und die Minzblätter werden mit den Händen von den Stängeln entfernt, sonst ist Margareth Lösch nicht zufrieden mit dem Ergebnis. Auf Voranmeldung und gegen einen kleinen Unkostenbeitrag gibt sie im Sommer gerne Hof- und Wildkräuterführungen.

ⓘ **Zum Oberen Hof,** Fam. Lösch, Kuppelwies 17, St. Nikolaus/Ulten, Tel. 0473 799058, www.kraeutertee.it, Öffnungszeiten Hofladen: 8–11 Uhr und 15–18 Uhr, Kräuterführungen von Ende Juni–Ende Aug.: Do. 10–11 Uhr, Anmeldung erforderlich

Noál, Salurn ⓸

Der Name des kleinen Familienbetriebes hat seinen Ursprung in der italienischen Bezeichnung für ehemals verwilderte Waldstücke, die in landwirtschaftliche Nutzflächen umgewandelt wurden: „novali". So nennen Elisabetta Cristofoletti und ihr Mann Alfeo Zeni, beide italienischer Muttersprache, ihre von Wald umgebenen Anbauflächen oberhalb von Salurn. Im Dialekt wurde „Noál" daraus.

Seit 2014 produzieren Elisabetta und Alfeo auf rund 3.000 m² eine beeindruckend vielfältige Produktpalette aus Kräutern: Kräutersalze, Kräutertees, Sirupe, Duftkissen und Kosmetika (Shampoo, Cremes, Körperlotionen, Badesalze, handgemachte Naturseifen). Besonders interessant sind die angebauten Wildkräuter, die vor allem für die besondere Küche verwendet werden. Mit Spitzwegerich gelingt z. B. ein vorzüglicher Risotto, die Blätter des Taubenkropf-Leimkrauts werden wie Spinat verwendet, und die Blätter und Wurzeln der Wegwarte kommen in einer Gemüsepfanne zur Geltung. Zudem werden einige Beerenfrüchte (Himbeeren, Johannisbeeren, Gojibeeren) angebaut, die zu Sirupen und Fruchtaufstrichen verarbeitet werden. Vom Sommer bis in den Frühherbst werden auch rote Zwiebeln, Rote Bete, schwarze Paprika und gelbe Zucchini verkauft. Im Herbst sind außerdem Edelkastanien erhältlich, im Winter getrocknete Kakis. Erstanden werden können die Produkte ganzjährig in Elisabettas Blumenladen „Il Mazzolino" im Dorfzentrum von Salurn sowie auf den sommerlichen Bauernmärkten in der Nachbarprovinz Trient: in Cavalese (mittwochs), Moena (donnerstags) und Mezzocorona (samstags).

ⓘ **Noál,** Alfeo Zeni, Buchholzstr. 34, Salurn, Tel. 333 6720040, info.noal@alice.it, Ab-Hof-Verkauf nach Vereinbarung, Öffnungszeiten Blumenladen „Il Mazzolino" (Trienter Str. 34, Salurn) Sommer: Mo.–Sa. 9–12 Uhr, Winter zusätzlich: Mo.–Fr. 16–18.30 Uhr

Schmiedthof, St. Leonhard/Brixen 96

An den sonnigen Hängen des Plosebergs in St. Leonhard baut Familie Frener auf 1.400 m Meereshöhe verschiedene Heil- und Gewürzpflanzen an und verarbeitet sie zu vielfältigen Produkten. Erhältlich sind die Kräuter, Teemischungen, Kräutersalze, Gewürze, Sirupe, Kräuterkissen sowie Räucher-, Duft-, Sauna- und Badekräuter ganzjährig auf dem Bauernmarkt in Brixen (samstagvormittags) und auf dem Biobauernmarkt am Bozner Rathausplatz (dienstagvormittags) sowie direkt ab Hof.

Als Rita Frener 1983 mit ihrem Mann den Schmiedthof übernahm und sich dem Bund Alternativer Anbauer anschloss, ahnte sie noch nicht, dass der Kräuteranbau einmal ihr Lebensinhalt sein würde. Alles begann, als ihre Tochter Magdalena mit 9 Jahren auf dem Bioerntefest in Brixen (❯ S. 141) mit 15 selbst gefüllten Kräuterteesäckchen ihr Taschengeld aufbesserte. Im Jahr darauf waren bereits alle Schmiedthofkinder im Kräuterteegeschäft und sammelten und trockneten den ganzen Sommer über Kräuter für insgesamt 75 Säckchen. Inspiriert von der neuen Leidenschaft ihrer Kinder pflanzte die Biobäuerin schließlich selbst ihren ersten Kräutergarten. Mittlerweile baut Familie Frener jährlich über 80 verschiedene Kräuter an. Anfahrt: Im Zentrum von St. Andrä nach links abbiegen, ca. 2 km der Beschilderung Richtung St. Leonhard und ab der Straßengabelung der Beschilderung „Schmiedthof" folgen.
ⓘ **Schmiedthof,** Fam. Frener, St. Leonhard 106, Brixen, Tel. 0472 833505 oder 340 2416992, www.schmiedthof.com, Öffnungszeiten Ab-Hof-Verkauf Mitte Mai–Ende Sept.: Do. 14.30–17.30 Uhr und nach Vereinbarung

Kräutergärten Wipptal 104

Das Erfolgsrezept der Kräutergärten Wipptal: eine Biologin, ein Kunstschmied, ein Gärtner und eine gemeinsame Leidenschaft, die Kräuter. Gabi und Sepp Holzer und Bernhard Auckenthaler haben sich 2003 zusammengetan und ihre gemeinsame Idee verwirklicht. Sie bauen Kräuter an und veredeln sie zu zahlreichen Produkten. Gemeinschaftlich bewirtschaften sie zwei Höfe nach Bioland-Richtlinien, den Steirerhof in Wiesen und den Botenhof in Pflersch.

Das Dreierteam zieht alle Pflanzen für die Kräutergärten selbst. Jedes Jahr im März beginnen sie mit der Aussaat und Anzucht im Gewächshaus in Wiesen, wo vor allem das Gärtnerwissen von Bernhard gefragt ist. Von Anfang Mai bis Anfang Juli sind hier dann Biokräuterpflanzen im Topf erhältlich. Ganzjährig werden Teemischungen, Gewürze, Kräutersalze, Blütensalze, Liköre, Kräuterbrände und Biokosmetik – ab Hof und von März bis Oktober jeden Freitagvormittag am Bauernmarkt

in Sterzing – verkauft. Die Veredelung von Hochprozentigem ist die Passion von Feinschmeckerin Gabi. Gemeinsam mit ihrem Mann Sepp setzt sie Liköre mit Quitten, Johannisbeeren und Nüssen an. Hinzu kommen Wildkräuterliköre, z. B. mit Bergschafgarbe. Einen Teil der Kräuter ernten die drei Kräuterexperten nämlich auf unberührten Bergwiesen. „Das ist die schönste Arbeit von allen", sind sie sich einig. Aus Wildsammlung stammen unter anderem Schafgarbe, Himbeer- und Birkenblätter, Brennnesseln, Linden- und Holunderblüten. Ein großer Vorteil der Kooperation der beiden Höfe ist ihre unterschiedliche Lage: Der Steirerhof liegt auf 950 Höhenmetern, hier gedeihen mediterrane Kräuter wie Lavendel, Salbei und Melisse. Der Botenhof auf 1.250 Höhenmetern hingegen ist für Minze, Brotklee, Fenchel und Frauenmantel besonders gut gelegen. Dort befindet sich auch eine Ferienwohnung (2–8 Personen), die ganzjährig gebucht werden kann. In den Sommermonaten finden in Pflersch und in Wiesen Wildkräuterwanderungen und Gartenbesichtigungen mit abschließender Verkostung von Destillaten statt (Anmeldung über die Tourismusvereine Wipptal). Für Gruppen ab zehn Personen werden individuelle Hofführungen mit Verkostungen organisiert.

⏱ Kräutergärten Wipptal: **Steirerhof,** Gabi und Sepp Holzer, Hintere Gasse 152, Wiesen, Tel. 0472 765809; Öffnungszeiten Hofladen Steirerhof: Di. und Do. 16–18 Uhr und nach Vereinbarung **Botenhof,** Bernhard Auckenthaler, Pflersch 118, Gossensass, Tel. 348 4117561; www.biowipptal.it; Öffnungszeiten Hofladen Botenhof: Fr. 16–19 Uhr und nach Vereinbarung

Getzlechenhof, St. Johann im Ahrntal 112

In der Ahrntaler Kräutermanufaktur produziert Familie Leiter, vor allem mit dem tatkräftigen Einsatz von Mutter Dora, zahlreiche und fantasievolle Kräuterprodukte nach Bioland-Richtlinien. Erhältlich sind die Produkte ab Hof und jeden Donnerstag am Bauernmarkt im Tubriszentrum in Sand in Taufers.

Der Getzlechenhof ist nicht nur ein Biokräuterhof – hier werden seit 1991 verschiedene Heil- und Gewürzkräuter angebaut und verarbeitet – sondern auch eine Art Kunstatelier. Seniorchefin Dora Leiter hat nämlich sehr geschickte Hände und bastelt allerlei Dekorationsstücke aus natürlichen Materialien wie Holz, Moos, getrockneten Blumen. Besonders beliebt sind etwa zu Ostern ihre Hühner aus Bioheu. Eine weitere Besonderheit des Getzlechenhofes ist die Bulgarische Ölrose *(Rosa Damascena Trigintipetala)*, die hier am sonnigen Steilhang bestens gedeiht. Ihre Blüten werden im Juni und Juli vor Sonnenaufgang per Hand gepflückt, damit die wertvollen ätherischen Öle erhalten bleiben. Verarbeitet werden die Rosenblüten zu Kosmetika, Gewürzen, Tees und Duftkräutern. Außerdem bietet Familie Leiter Fertigmischungen zum Selber-Ansetzen von Likören an: Den Beutelinhalt mit 1 Liter biologischem Kornbrand ansetzen und an einem warmen Ort ca. 5 Wochen ziehen lassen, abseihen und genießen! Als Geschmacksrichtungen gibt es Rosenlikör, Holunderblütenlikör, Kräuterbitter, Heulikör u. a.
⊙ **Getzlechenhof,** Fam. Werner Leiter, Gisse Nr. 106d, St. Johann im Ahrntal, Tel. 393 484900125, www.getzlechenhof.com, Öffnungszeiten Hofladen nach Vereinbarung

Bergila, Issing 107

In der Latschenölbrennerei unterhalb des Issinger Weihers werden bereits seit 1912 die ätherischen Öle von Latschen- und Zirbelkiefer sowie Wacholder, Fichte und Tanne destilliert. Als Franz und Brigitte Niederkofler Anfang der 1990er-Jahre heirateten und die Brennerei übernahmen, erweiterten sie die Produktpalette mit dem biologischen Kräuteranbau. Von Mai bis Oktober werden laufend kostenlose Führungen durch Kräutergarten und Ölbrennerei angeboten.

Direkt am Issinger Weiher befinden sich die Produktionsstätten, der geräumige Hofladen und der Biokräutergarten Bergila, wo stets freier Eintritt gewährt wird. Hier erwarten die Gäste ein Duft-Parcours sowie je nach Jahreszeit ein Meer aus Blüten und Farben. Ein paar Gehminuten talabwärts, mitten im Wald, erreicht man die historische Latschenölbrennerei, wo man von Mai bis Oktober (Montag bis Freitag) die Wasserdampfdestillation beobachten kann. Neben einem kleinen Museum steht sogar ein Ruheraum für Latschenkieferfußbäder offen. Familie Niederkofler führt den Betrieb in dritter Generation, den Sommer über mit bis zu 20 Mitarbeitern.

Kräuterprodukte werden auch hier produziert:

Pflegerhof, St. Oswald/Seis (» S. 108)
Berufstrainingszentrum Gärtnerei Gratsch, Meran (» S. 107)
Bartgaishof, Vahrn (» S. 111)

Dementsprechend vielfältig ist das Angebot an Kräuterprodukten. Neben den verschiedenen ätherischen Ölen werden zahlreiche Salben, Kosmetika, Öl- und Alkoholauszüge, Brände und Liköre sowie Kräutertees, Kräutersalze, Bonbons, Sirupe und Kräuterkissen hergestellt, alles in Bioqualität. Nicht alle Produkte entstehen vor Ort. So stammen

z. B. die mediterranen Kräuter (Lavendel, Rosmarin, Thymian und Pfefferminze) von Partnerbetrieben in der italienischen Region Marken, die dort destilliert werden. Auch für die Zitrusöle gibt es eine Kooperation mit einem Biobetrieb in Sizilien. Erhältlich sind die Bergila-Produkte ab Hof, im Onlineshop und auf den Weihnachtsmärkten in Bruneck, Brixen, Bozen, Meran und Trient.

ⓘ **Bergila,** Fam. Niederkofler, Weiherplatz 8, Issing/Pfalzen, Tel. 0474 565373, www.bergila.com, Öffnungszeiten Kräuterladen: Mo.–Fr. 8–12 Uhr, 13–18 Uhr, Sa. 9–12 Uhr, Juli und Aug. täglich geöffnet; Öffnungszeiten Latschenölbrennerei Mai–Okt.: Mo.–Fr. 8–12 Uhr, 13–18 Uhr, Juli und Aug. täglich geöffnet

⊕ ÄTHERISCHES LATSCHEN- & ZIRBELKIEFERÖL

Die Äste von Latschen- und Zirbelkiefern fallen als Nebenprodukt bei der Holzgewinnung sowie bei der Weidepflege auf den Almen an. In der biologischen Ölbrennerei in Issing werden sie gehäckselt und zu heilsamen Produkten destilliert. Der Vorgang der Wasserdampfdestillation des Latschen- und Zirbelkieferöls hat sich seit 1912 kaum verändert und dauert ca. 4 Stunden. Aus rund 1 Tonne grüner Äste entstehen etwa 3 Liter ätherisches Öl. Dieses wirkt schleimlösend bei Erkältungen und Bronchitis. Verwenden kann man es als Badezu-

satz (mit etwas Sahne oder Honig als Emulgator), als Saunaaufguss, zur Inhalation und in der Duftlampe, um die Raumluft zu desinfizieren. Gegen Husten wird es mit Honig oder Zucker eingenommen.

Gemüse und Kartoffeln

Mairinghof, Schlanders ⑫

Der Mairinghof von Familie Paris liegt auf einem sonnigen Hochplateau auf 1.450 Höhenmetern. Das Bergklima bekommt nicht nur den neun Milchkühen gut, sondern lässt auch das Gemüse fast schädlingsfrei gedeihen. Seit 2010 baut Harald Paris hier Kartoffeln, Karotten, Kohl, Fenchel, Rote Bete, Kohlrabi und vieles mehr an. Um besondere Gemüsesorten wie Mairüben oder Pastinaken kümmert sich seine Frau Roswitha. Erhältlich ist das Biogemüse von Mitte August bis Weihnachten ab Hof, solange der Vorrat reicht. Bei größeren Mengen kann man eine Lieferung bis Meran oder Laas vereinbaren. ⓘ **Mairinghof,** Fam. Harald Paris, Außernördersberg 23, Schlanders, Tel. 0473 730239, www.mairinghof.com, Öffnungszeiten Ab-Hof-Verkauf nach Vereinbarung

Kreuzwiesenhof, Lana ㉞

Günther Mittersteiner ist eigentlich gelernter Tischler. Doch immer schon war es sein Wunsch, Bauer zu sein. Und dieser Berufung folgt er seit 1996 nach Bioland-Richtlinien. Der Apfelanbau allein war ihm mit der Zeit zu eintönig, im Gemüseanbau fand er 2002 schließlich eine Herausforderung, der er seither mit Leidenschaft und der Unterstützung seiner ganzen Familie nachgeht. 1999 gründete er zusammen mit Gleichgesinnten den Lieferservice Biokistl (❯❯ S. 119), über den er den Großteil seiner Ernte verkauft. Zur Spargelzeit im Frühjahr und zur Kartoffelzeit im Spätsommer sind seine Produkte auch direkt ab Hof erhältlich. ⓘ **Kreuzwiesenhof,** Günther Mittersteiner, Bozner Str. 62, Lana, Tel. 335 7269047, theresia@biokistl.it, Öffnungszeiten Hofladen nur zur Spargel- und Kartoffelzeit, nach Vereinbarung

Oberau, Burgstall ㊸

Als diplomierter Biologe legt Christian Drescher sehr viel Wert auf die Vielfalt an seinem biodynamischen Hof Oberau. Wie der Name schon verrät, befindet sich der Familienbetrieb im ehemaligen Augebiet der Etsch. Die sandig-lehmigen Böden eignen sich besonders gut für den Spargelanbau, aber auch für Kartoffeln, Getreide und verschiedene alte Apfel- und Birnensorten. Von Anfang April bis Ende Mai ist grüner sowie weißer Spargel ab Hof und in den Bioläden in Meran, Lana und Terlan erhältlich. Im Herbst werden das Frischobst und die Kartoffeln und ganzjährig Roggen und Dinkel ab Hof verkauft. Anfahrt: Von der MeBo Richtung Burgstall Zentrum, rechts der Beschilderung folgen.

ⓘ **Oberau,** Christian Drescher, Bahnhofstr. 7, Burgstall,
Tel. 340 6221046, christian.drescher@gmx.at,
Öffnungszeiten Ab-Hof-Verkauf nach Vereinbarung

Sporgl-Au, Vilpian ㊻

Sporgl-Au heißt nicht nur das Spargelfeld von Christoph Erschbamer, welches er nach Bioland-Richtlinien bewirtschaftet, sondern auch seine Radraststätte. Dort kann man während der Spargelzeit, die je nach Witterung von Ende März bis Anfang Juni geht, auf Vorbestellung biologischen Bleichspargel und Grünspargel erwerben. Außerdem werden dort biologischer Apfelsaft aus eigener Herstellung, Biokaffee und einige Bioriegel angeboten. Die Sporgl-Au liegt am Radweg Kaiserin Maria Theresia zwischen Vilpian und Terlan und ist nur zu Fuß oder mit dem Fahrrad erreichbar.

ⓘ **Sporgl-Au,** Christoph Erschbamer, Radweg Kaiserin Maria Theresia, Vilpian, Tel. 340 6056441, www.sporgl-au.it, Öffnungszeiten Radraststätte: Frühjahr Sa.–So. und an Feiertagen 10–18 Uhr, Sommer täglich 10–18 Uhr, bei schlechtem Wetter geschlossen

s'Standl, Terlan ㊼

Verena und Franz stehen von Juli bis Ende Jänner jeden Samstag, durchgehend von morgens bis abends, an ihrem Stand direkt vor dem Kreisverkehr am südlichen Dorfeingang von Terlan. Dort verkaufen sie Obst und Gemüse, das sie in Terlan und Mölten in ihrem Familienbetrieb nach Bioland-Richtlinien produzieren. Das reichhaltige Sortiment variiert saisonal und enthält Wurzelgemüse, Salate, verschiedene Tomatensorten, Zwiebel, Auberginen, Äpfel, Kartoffeln, Eier, Apfelsaft und noch vieles mehr.

ⓘ **s'Standl,** Fam. Franz Mair, Provinzstr. 11, Terlan, Tel. 335 5288361, verenadissertori@gmail.com, Öffnungszeiten Juli–Sept.: Sa. 8–20 Uhr, Okt.–Jän.: Sa. 8–17 Uhr

Munterhof, Weißenbach/Sarntal ㊿

Hedwig Innerebner Heiss ist eine Biopionierin. Seit 1998 betreibt sie mit ihrem Mann den Munterhof im Sarntal nach den Richtlinien von Bioland. Das ganze Jahr über fährt sie zweimal pro Woche nach Bozen, um dort alles zu verkaufen, was gerade am Munterhof gedeiht: Kartoffeln, Weißkohl, Karotten, Salat und andere Gemüsesorten sowie Eier von ihren Hühnern. Auf Vorbestellung liefert sie im Winter sogar Masthähnchen oder Suppenhühner. Dienstags ist die Bäuerin mit ihrem Biomarktstand von 8.30 bis 12.30 Uhr am Bozner Rathausplatz und samstags von 9 bis 12 Uhr am Matteottiplatz in Bozen anzutreffen.

ⓘ **Munterhof,** Hedwig Innerebner Heiss, Weißenbach 89, Sarntal, Tel. 334 8755012, munterhof@bb44.it

Hof Unternberg, Unterfennberg/Margreid 🄱

Auf rund 1,3 ha gedeihen am Hof Unternberg, auf 1.000 m Meeres-höhe oberhalb von Margreid, Erdbeeren, Kartoffeln, verschiedene Salat- und Kohlsorten, Karotten, Zwiebeln, Lauch, Bohnen, Kürbis, Zucchini, Schwarzwurzeln, Sellerie, Rote Bete und anderes mehr. Alexandra Schweiggl ist seit 2013 die offizielle Jungbäuerin des geschützten historischen Hofes und verkauft die meisten ihrer bio-dynamischen Produkte über den Bioladen ihrer Mutter, Pro Natura in Neumarkt (❱ S. 104).

Der biodynamische Hof von Alexandra Schweiggl ist ein schönes Ausflugsziel: Fährt man von Kurtatsch die kurvige Bergstraße Rich-tung Fennberg hinauf, erreicht man nach ca. 30 Minuten das Fenner Hochplateau. In einer kleinen Senke, einer Art Bergterrasse, liegt Unterfennberg. Hier biegt man gleich nach der Kirche rechts ab und gelangt zum Hof Unternberg, von den Einheimischen „Schweigglhof" genannt. Ganz in der Nähe, etwa 15 Gehminuten entfernt, befindet sich der Fennberger See. Der 1,3 ha große und ca. 4 m tiefe Badesee befindet sich, genau wie der Hof, in einem Naturschutzgebiet. Er verfügt über einen kleinen Steg und eine teils schattige Liegewiese. Familie Schweiggl erfrischt sich während der heißen Monate hier regelmäßig mit einem Sprung ins kalte Wasser. Der Vater von Alexan-dra, Adalbert Schweiggl, hat den verlassenen Hof 2008 geerbt. Für die ganze Familie war von Anfang an klar, was sie mit dem Erbe ma-chen wollten: es zum Leben erwecken. Seither wird hier mit viel Fleiß und Liebe biodynamische Landwirtschaft betrieben. Um den seichten Humusboden nicht zu verdichten, werden Esel in der Bodenbearbei-tung eingesetzt. Sie eignen sich sehr gut, zwischen den schmalen Gemüsereihen den Pflug zu ziehen. Einen Teil der Jungpflanzen zie-hen Alexandra und ihr Mann Peter selbst im Gewächshaus heran. Ihnen ist es sehr wichtig, mit samenfesten Sorten zu arbeiten, um den Hofkreislauf schließen zu können. Zu diesem Zweck halten sie auch Schweine als Futterverwerter und Bienen für die Bestäubung.

Hinter dem Haus haben sie eine Streuobstwiese mit hochstämmigen Obstbäumen (Äpfel, Birnen, Aprikosen, Sauerkirschen, Zwetschken) angelegt und auf einem Getreidefeld bauen sie Roggen und Mais an. Erhältlich sind ihre saisonalen Bioprodukte nach Vereinbarung ab Hof, am Biostand am Bozner Obstmarkt (S. 121), im Pro Natura in Neumarkt und Gries (S. 104, 101), von Juni bis November auch am Bozner Biomarkt (Dienstagvormittag, Rathausplatz) und auf dem Wochenmarkt in Mezzolombardo (Samstagvormittag).

ⓘ **Hof Unternberg,** Alexandra Schweiggl, Unterfennberg 21, Margreid, Tel. 333 2156380, www.hofunternberg.it, Öffnungs-zeiten Ab-Hof-Verkauf nach Vereinbarung

👁 ALEXANDRA SCHWEIGGL UND PETER BORTOLOTTI

Das Jungbauernpaar Alexandra Schweiggl und Peter Bortolotti baut seit 2008 am Fennberg Gemüse an. Die beiden sind richtige Quer-einsteiger: Sie ist gelernte Grafikerin, er gelernter Schlosser. Beide verbindet die Leidenschaft für den biologisch-dynamischen Gemüse-anbau und die Arbeit mit den Tieren am Hof, auch teilen sie die Freude, am Markt die eigenen Biopro-dukte zu verkaufen. Gemeinsam be-wirtschaften sie den Hof Unternberg, den wohl meistgeschützten Hof Süd-tirols (Denkmalschutz, Landschafts-schutz-Bannzone, Biotopschutz für das orchideenreiche Moor, Natura-2000-Schutz). Auch ein Naturdenk-mal, die größte Birke Südtirols, und

eine geschützte Lärchenwiese am südlichen Mendelzug gehören zum Hof. „Diese Naturschätze sind unser Reichtum", sagt Alexandra, „wir versuchen, so viel wie möglich zu erhalten und zu pflegen." Auch den sich seit Jahrzehnten im Dornröschenschlaf befindlichen Hofgebäuden wird neues Leben eingehaucht. „Der älteste Teil des Hofes stammt aus dem 13. Jh.", berichtet sie. Das elektrische Licht haben bereits ihre Vorfahren installieren lassen, aber das Wasser muss noch am Hofbrunnen geholt werden. „Die Sanierung wird noch einige Zeit in Anspruch nehmen, wir machen alles in kleinen Schrit-ten", erklärt Alexandra. Ihr Ziel ist es, irgendwann hier wohnen zu können. Bis es so weit ist, pendeln die beiden zwischen dem Etsch-tal und Fennberg hin und her. Auch am Wochenende sind sie regel-mäßig hier oben anzutreffen. „Wir wollten kein Ferienhaus aus dem geerbten Hof machen", so die Jungbäuerin, „wir wollen hier leben, mit allem was dazu gehört!"

Biohof Waldförster, Mareit 🟢102

Als gelernter Koch weiß Thomas Zössmayr vom Biohof Waldförster in Mareit, Gemeinde Ratschings, wie wichtig geschmackvolle Grundprodukte für das Kochen guter Gerichte sind. Deshalb baut er seit über 10 Jahren auf ca. 1.050 Höhenmetern Bioland-Gemüse an. Seine zahlreichen Gemüsesorten (Salat, Weißkohl, Bergartischocken, Tomaten, Gurken, Fenchel u. v. m.) sind ab Hof, in zwei Gemüsegeschäften in der Sterzinger Fußgängerzone, im Laden der Genossenschaft WippLamb in Sprechenstein, Gemeinde Freienfeld (www.wipplamb.com) und von Mitte Juni bis Oktober freitags am Sterzinger Bauernmarkt (9–13 Uhr) erhältlich.

ⓘ **Biohof Waldförster,** Thomas Zössmayr, St. Johannes 20, Mareit/Ratschings, Tel. 335 5956632, biohof.waldfoerster@outlook.com, Öffnungszeiten ab Hof Verkauf nach Vereinbarung

Biogemüse und Biokartoffeln werden auch hier produziert:

Sunnleitn, St. Valentin a. d. Haide (❱ S. 66)
Oberalsack, Mals (❱ S. 67)
Migihof, Schleis (❱ S. 68)
St.-Johannes-Hof, Latsch (❱ S. 69)
Berufstrainingszentrum Gärtnerei Gratsch, Meran (❱ S. 107)
Bachguterhof, Dorf Tirol (❱ S. 91)

Bartgaishof, Vahrn (❱ S. 111)
Voltanhof, Gais (❱ S. 72)
Moserhof, Ahrntal (❱ S. 80)
Bernhard Feichter, Toblach (❱ S. 117)
Hof Waldruhe, Toblach (❱ S. 83)
Roatnocker, Unsere liebe Frau im Walde (❱ S. 113)
Noál, Salurn (❱ S. 53)

Getreide

Sunnleitn, St. Valentin auf der Haide ❶

Zwischen dem Reschenpass und dem Haider See liegt auf rund 1.600 Höhenmetern der Bioland-Hof Sunnleitn. Hier wird jährlich ungefähr 1 ha biologische Braugerste angebaut. Als Mitglied der Kornkammer Vinschgau hat Magnus Blaas sich das Ziel gesetzt, Getreide anzubauen. Die herkömmlichen Getreidesorten reifen allerdings in dieser Höhe nicht optimal ab. Die Braugerste hingegen, die u. a. mehr Eiweiß als andere Gerstensorten aufweist, gedeiht gut.

Die Braugerste wird nach dem Malzen in Deutschland in den acht Südtiroler Brauereien, darunter der Biobierbrauerei AH-Bräu (❯❯ S. 44), zu Bier gebraut. In der Fruchtfolge des Getreideanbaus werden auch Kartoffeln produziert, diese sind ab Oktober ab Hof erhältlich, solange der Vorrat reicht. Außerdem laden vier Ferienwohnungen (2–8 Personen) zum Urlaub auf dem Bauernhof ein. In den Frühstückskörbchen finden sich hofeigene Produkte wie Milch und Joghurt der acht Milchkühe, eigener Honig und Marmeladen. Ganz in der Nähe befindet sich die Haider Alm, deren Skipisten im Winter direkt am Haus entlangführen. Im Sommer ist der Biohof ein idealer Ausgangspunkt für Wanderungen und Mountainbiketouren.
ⓘ **Sunnleitn,** Magnus Blaas, Plagött 14, St. Valentin a. d. Haide (Graun im Vinschgau), Tel. 335 5735600, www.sunnleitn.it, Kartoffeln ab Oktober ab Hof nach Vereinbarung

Oberalsack, Mals ❷

Christoph Hohenegger baut seit 2010 Biogetreide an. Er interessiert sich sehr für alte Sorten und versucht, das Getreide Jahr für Jahr besser an seine Standorte anzupassen. Sein Dinkel und sein Roggen sind ab Hof und z. B. im Pro Natura Schweiggl in Neumarkt (❱ S. 104) erhältlich. Die polierte Gerste und die Kartoffeln verkauft er ab Oktober nur ab Hof.

Oberhalb von Mals, auf 1.500 Höhenmetern, widmet sich Christoph Hohenegger alten Sorten und neuen Ideen. „Die modernen Getreidesorten wurden vornehmlich für die Maschinen gezüchtet", sagt der Biobauer. „Sie sind leicht zu dreschen, zu reinigen und zu mahlen und haben tolle Backeigenschaften. Aber für uns Menschen haben sie nicht mehr die optimale Zusammensetzung!" Christoph Hohenegger sieht in den häufigen Glutenunverträglichkeiten einen Beweis seiner These. Auch bei den Kartoffeln probiert er alte Sorten aus, z. B. die Violette Trüffelkartoffel oder die Rote Emma. Als Bodenverbesserer pflanzt er in der Getreidefruchtfolge Hanf. In Jahren mit optimalen Bedingungen verkauft er die Hanfkörner ab Hof. Diese kann man zum Beispiel mit Wasser mixen, abseihen und als Kuhmilchersatz trinken oder in der Küche verwenden. Mithilfe der Prinzipien der Permakultur versucht er, die Kreisläufe seines Hofes immer mehr zu schließen. Seine Bienen befruchten die Blüten, deren Samen er für die Saat im nächsten Jahr erntet. Eine besondere Sehenswürdigkeit am Oberalsack sind die 18 Alpakas, die das ganze Jahr über auf Weiden in Hofnähe grasen.
ⓘ **Oberalsack,** Christoph Hohenegger, Alsack 48, Mals,
Tel. 340 0852525, c.hohenegger@virgilio.it, ab Hof Verkauf nach
Vereinbarung

Migihof, Schleis ❹

Familie Marth ist die einzige Familie in Schleis, die die Tradition des Getreideanbaus bis heute nie unterbrochen hat. Jedes Jahr sät und erntet sie Weizen, Dinkel und Roggen, wie unzählige Generationen vor ihr. Ihre biologisch bearbeiteten Felder sind lebendige Zeitzeugen für jene Epoche, als der obere Vinschgau noch die Kornkammer Tirols war. Bis Milchwirtschaft – und zunehmend Obst – den Getreideanbau verdrängte.

Biobäuerin Helga Habicher Marth bäckt aus dem Getreide verschiedene Brote und Kekse, die sie mit Trockenfrüchten verfeinert. Außerdem stellt sie Fruchtaufstriche – mit und ohne Zucker – aus Palabirnen, Brombeeren, Zwetschken, Marillen, Johannisbeeren u. a. her. Der kleine Hofladen vom Migihof bietet somit ein sehr vielfältiges Sortiment: Ganzjährig sind verschiedene Fruchtaufstriche, Säfte, Trockenobst, Kekse und Eier erhältlich. Dazu kommen im Herbst Kartoffeln, Kürbisse und Äpfel. Im Obstgarten, dem „Anger" hinter dem Haus, wachsen die großen Bäume bereits seit vielen Jahren. Die ältesten sind rund 80 Jahre alt! Im Sommer bietet Helga Marth nach Vereinbarung und gegen einen kleinen Unkostenbeitrag Hofführungen für Gruppen mit Verkostung hofeigener Produkte an. Ganzjährig empfängt sie im Rahmen des Projekts „Schule am Bauernhof" Schulkinder, die nicht nur die Tiere am Hof streicheln dürfen, sondern die Grundlagen der biologischen Landwirtschaft vermittelt bekommen. Unter anderem erklärt die Biopionierin den Unterschied zwischen Heu, Grummet und Pofel. Man kann den Unterschied der drei Mahden sogar am Duft erkennen.
ⓘ **Migihof**, Fam. Marth, Schleis 2, Mals, Tel. 0473 830119, migihof.marth@rolmail.net, Öffnungszeiten Hofladen nach Vereinbarung

St.-Johannes-Hof, Tarsch ⑳

Florin Pichler baut zwischen Glurns und St. Valentin im Obervinschgau in Lagen von 800 bis 1.450 Höhenmetern Getreide an. Neben Roggen, Weizen und Dinkel produziert der Bioland-Bauer auch Braugerste für die Biobierbrauerei AH-Bräu (❯ S. 44) und andere Südtiroler Brauereien. Ab Hof sind saisonal Erdbeeren, Äpfel, Birnen und Kartoffeln sowie Getreide (Körner oder Mehl) erhältlich. Die Äpfel sind ganzjährig bei VI.P BIO in Latsch (❯ S. 16) erhältlich. Florin bäckt auch Brot im hofeigenen originalen alten Holzofen, jedoch nur auf Vorbestellung. Der Ofen benötigt nämlich 24 bis 36 Stunden, um die nötige Temperatur von 340–350 Grad Celsius zu erreichen. Der St.-Johannes-Hof befindet sich am nördlichen Dorfrand von Tarsch bei Latsch.
ⓘ **St.-Johannes-Hof,** Florin Pichler, St.-Johann-Weg 25, Tarsch/ Latsch, Tel. 335 6072672, florinpichler@gmx.net, Öffnungszeiten Hofladen nach Vereinbarung

FLORIN PICHLER – VOM TURBOOBSTBAU ZUR „KORNKAMMER VINSCHGAU"

„Ich bin zwar nicht auf einem Bauernhof aufgewachsen, aber ich will auf einem alt werden!", sagt Florin Pichler und lächelt dabei. Viele Jahre hat er intensiven Obstbau betrieben, zunächst als Betriebsleiter fremder Betriebe, dann auf dem eigenen Hof. Diese Zeit ist nicht spurlos an ihm vorübergegangen. „Die ständige Belastung

durch Chemie und Maschinen und der hohe Leistungsdruck haben mir gesundheitliche Probleme beschert", erzählt er. Um der eintönigen Arbeit des Monokultur-Obstanbaus zu entkommen, pflanzte er neben Äpfeln auch Gemüse und Getreide an und stellte den Betrieb schließlich auf Bio um. „Angefangen hat es mit einem Blumenkohlacker, den ich im Herbst mit Wintergetreide bestellt habe", berichtet der Bioland-Bauer. Zu diesem Zeitpunkt hatte er noch nichts mit dem Getreide geplant. „Aber als ich im darauffolgenden Sommer vom Berg ins Tal blickte und dieses goldene Rechteck inmit-

ten der Obstwiesen leuchten sah, war meine Begeisterung nicht mehr zu bremsen!" Früher hatte man im Vinschgau auf fast jedem Hof gebacken. Das von Osten nach Westen ausgerichtete Tal mit seinem windigen und trockenen Kontinentalklima bietet optimale Bedingungen für den Getreideanbau und war einst auch die Kornkammer Tirols. „Man benötigt überhaupt keinen Pflanzenschutz", so Florin, „mehr Bio geht nicht!" Zusammen mit Gleichgesinnten gründete er die Interessensgemeinschaft „Kornkammer Vinschgau", mit dem Ziel, die Getreidekultur im oberen Vinschgau wieder zum Leben zu erwecken. Von der Landwirtschaft über das Handwerk und den Tourismus bis hin zur Lebensqualität der Vinschger selbst – alle sollen durch die Pflege der Kulturlandschaft profitieren. Über den Getreideanbau entdeckte Florin Pichler auch seine Leidenschaft fürs Backen. Mittlerweile bäckt er im historischen Holzofen ohne Rezept oder Thermometer sein eigenes Brot – ganz nach Gefühl. „Das Geheimnis des Glücks und Erfolges als Bauer ist es, dass man Produkte produziert, mit denen man sich auch identifizieren kann!", umschreibt er seine Lebensphilosophie.

Tröpfltalhof, Kaltern ⑰

Andreas Dichristin hat sich mit Leib und Seele der biologisch-dyna-
mischen Landwirtschaft verschrieben. Als Getreideanbauer nimmt
er in diesem Teil von Südtirol eine Vorreiterrolle ein: Für die Groß-
eltern war der Getreideanbau noch selbstverständlich, für die
Nachkriegsgenerationen ist es etwas Neues. Und umso gefragter.
Das Demeter-zertifizierte Dinkel- und Polentamehl vom Tröpfltalhof
gibt es in Packungen zu 0,5 und 1 kg, solange der Vorrat reicht.

Schon seit 1984 probiert Andreas Dichristin verschiedenste landwirtschaftliche Ideen aus, anfangs konzentrierte er sich vor allem
auf die Böden seiner Weinberge und Äcker. Mit bunt blühenden
Einsaaten brachte er Harmonie in seine Felder, ständig bestrebt, die
Kräfte von Mond und Sonne, Kalk und Kiesel sowie Wachstum und
Form in Einklang zu bringen. Seit 2005 tragen seine Produkte das
biodynamische Siegel Demeter. Für den Weinbauer ist die biodynamische Landwirtschaft mehr als nur eine Anbaumethode, es ist eine
ganzheitliche Entwicklung des Landwirts, seiner Familie und des
gesamten Hofes – eine inspirierende Herangehensweise an das
Alltägliche, um sich auf das Wesentliche zu besinnen. An körperli-
che Arbeit ist Andreas Dichristin gewohnt, im Sommer bietet er
seine Dienste als Bergführer an. Im Betrieb hat er nur wenige Maschinen, und neben der Familie helfen sogar die Schafe auf ihre
Weise mit. Sie halten vom Herbst bis in den Frühsommer das Gras im
Weinberg kurz, im Hochsommer weiden sie auf der Alm. Die arbeits-
intensive Handarbeit wird am Tröpfltalhof vom Weinberg bis in den
Keller fortgeführt. Andreas Dichristin keltert dort einen Cabernet
Sauvignon, einen Rosé und einen Sauvignon blanc. Ein besonderer
Geheimtipp ist sein Amphorenwein, der meist durch Vorbestellungen

schon ausverkauft ist, bevor er überhaupt in die Flasche kommt. Erhältlich sind die Weine ab Hof nach Vereinbarung und im Meraner Weinhaus. Das Dinkel- und Polentamehl hingegen ist ausschließlich ab Hof zu erstehen. Für Feriengäste gibt es die Möglichkeit, am Tröpfltalhof Urlaub zu machen. Die vier Ferienwohnungen sind ganzjährig – unter 4 Tagen allerdings nur kurzfristig – buchbar.

ⓘ **Tröpfltalhof**, Fam. Dichristin, Garnellenweg 17, Kaltern, Tel. 0471 964126, www.bioweinhof.it, Öffnungszeiten Hofladen und Hofführungen nach Vereinbarung

Voltanhof, Gais ⑪

Der ursprüngliche Name des Erbhofes aus dem 16. Jh. ist „Huber in der Gassen". Erst als ein Valentin den Hof kaufte, wurde durch die Mundartaussprache des Namens der Voltanhof daraus. Margareth Tanzer bewirtschaftet mit ihrem Mann Günter und ihrer Familie die rund 2 ha seit 1997 biologisch. Sie baut Urdinkel an, eine alte Sorte des Dinkels, sowie Roggen, Weizen und Kartoffeln. Die Bioland-Produkte sind ab Mitte September und ausschließlich ab Hof erhältlich. Auf Wunsch wird das Getreide auch gemahlen.

ⓘ **Voltanhof**, Margareth Tanzer, Untergasse 10, Gais, Tel. 349 4525152, ausserhofer@virgilio.it, Öffnungszeiten ab Hof Verkauf nach Vereinbarung, abends

Unterhölzlhof, Olang ⑮

Im Hofladen der Familie Arnold (seit 2002 Bioland-zertifiziert) gibt es ganzjährig Dinkel und Weizen, auf Wunsch auch gemahlen. Von  Mai bis Oktober wird in der Hofkäserei Frisch- und Schnittkäse aus Ziegenmilch hergestellt. Das Frischfleisch aus Mutterkuhhaltung ist in Paketen zu 10 kg nur auf Vorbestellung erhältlich. Den Gästen der vier Ferienwohnungen sind die übrigen hofeigenen Produkte vorbehalten (Eier, Speck) sowie das Brotbacken im Holzofen mit Biobäuerin Renate und das Baden im Schwimmteich mit herrlichem Blick auf die Pragser Dolomiten.

ⓘ **Unterhölzlhof,** Fam. Peter Arnold, Greitweg 2, Olang, Tel. 0474 496322, www.unterhoelzlhof.it, Öffnungszeiten Hofladen Juni–Sept.: Mo.–Sa. 9–19 Uhr, Okt.–Mai nach Vereinbarung, Hofführungen nach Vereinbarung

Biogetreide wird auch hier angebaut:

Englhorn, Schleis (⧁ S. 74)
Hofbäckerei Folie, Prad (⧁ S. 112)
Oberau, Burgstall (⧁ S. 61)
Hof Waldruhe, Toblach (⧁ S. 83)
Roatnocker, Unsere liebe Frau im Walde (⧁ S. 113)

Milch und Milchprodukte

Hofkäserei Englhorn, Schleis ❸

Alexander Agethle ging zum Studieren und Arbeiten ins Ausland und kehrte reich an Erfahrungen und motiviert, Neues auszuprobieren, an den Hof seiner Kindheit zurück. 2003 übernahm er den Englhof, stellte auf Bio um, baute einen Laufstall für behornte Rinder und gründete die Hofkäserei. Gemeinsam mit seiner Frau Sonja Sagmeister und Senner Max Eller widmet er sich der Zucht der gefährdeten Rinderrasse Original Braunvieh und veredelt deren Milch.

Die kleine Ortschaft Schleis liegt am Fuße des Sesvennagebirgszugs, der die Grenze zum Schweizer Unterengadin bildet. Inmitten der Häusergruppe liegt der Englhof, der seit über 200 Jahren von Familie Agethle bewirtschaftet wird. Die an den Hof angrenzende alte Dorfsennerei hat Alexander unter anderem mit Unterstützung zahlreicher „Käseaktionäre" gekauft und renoviert. Wer sich am Käsevorverkauf beteiligt hat, kommt regelmäßig in den Genuss der „Englhörner" – so wird die hauseigene Währung genannt. Damit können Arunda (Weichkäse), Tella (Schnittkäse) und Rims (Hartkäse) bezahlt werden. Benannt sind die Käsesorten nach den aufragenden Gipfeln der Sesvennagruppe: Arundakopf, Tellakopf und Piz Rims. Der Käse der Hofkäserei Englhorn ist ganzjährig ab Hof sowie in den Naturalia-Filialen (❯ S. 98, 102) und im Pro Natura Brixen (❯ S. 105) erhältlich. Zudem wird von Herbst bis ins Frühjahr hinein

ein Teil der Milch entrahmt und von Hand zu Butter verarbeitet, die ab Hof verkauft wird. Im Sommer sind die 14 Kühe auf der Schleiser Alm. Neben rund 9 ha Grünland baut Familie Agethle auch jedes Jahr ca. 1 ha Getreide (Dinkel, Hafer, Weizen) an. Das Stroh wird als Einstreu verwendet, das Korn ist ab Hof erhältlich, solange der Vorrat reicht.

ⓘ **Englhorn,** Alexander Agethle, Schleis 8, Mals, Tel. 0473 835393 oder 335 297567, www.englhorn.com, Öffnungszeiten Hofladen: Mo.–Sa. 8–12.30 Uhr, Hofführungen mit Voranmeldung (mind. 8 Personen), So. Ruhetag.

Hofkäserei Gandhof, Martell ⓰

In der Marteller Fraktion Gand, auf 1.280 Höhenmetern, hält Familie Eberhöfer seit 2004 rund sieben Milchkühe nach Bioland-Richtlinien. In der hofeigenen Käserei veredeln Rudolf Eberhöfer und seine Tochter Michaela die Biomilch zu „Marteller Biorohmilchkäse", einem Schnittkäse mit – je nach Reifegrad – mildem bis würzigem Geschmack, und „Tufer", einem Weichkäse mit Weißschimmel, der sich durch ein typisches Camembertaroma auszeichnet. Der Bioland-Käse ist nach Vereinbarung ab Hof sowie in den Naturalia-Filialen (❯❯ S. 98, 102) und beim Biokistl (❯❯ S. 119) erhältlich. Am Gandhof stehen ganzjährig zwei Ferienwohnungen für 2 bis 6 Personen zur Verfügung.

ⓘ **Gandhof,** Rudolf Eberhöfer, Gand 53, Martell, Tel. 0473 744596, www.gandhof.com, Öffnungszeiten Ab-Hof-Verkauf nach Vereinbarung

Psairer Bergkäserei, St. Martin in Passeier ㉕

15 Bioland-Bauern aus dem Passeiertal gründeten 2004 die Psairer Bergkäserei mit dem Ziel, ihre biozertifizierte Milch zu reinen Bioland-Produkten weiterzuverarbeiten. Die kleinstrukturierten Bergbauernbetriebe in dem schmalen Tal nördlich von Meran arbeiten im Durchschnitt mit sieben bis acht Milchkühen, ihre Wiesen haben fast alle Steillage. Umso wertvoller ist die biologische Bewirtschaf-

tung dieser artenreichen Bergwiesen, auf denen viele verschiedene Almkräuter wachsen. Das Produktsortiment der Bergkäserei umfasst verschiedene Weich-, Schnitt- und Hartkäse sowie ein paar Ziegenkäse, die im Sommer im eigenen Laden in der Handwerkerzone von St. Martin sowie ganzjährig bei der Sennerei Algund, beim Biokistl (❯❯ S. 119), bei ElaNatur (❯❯ S. 99) und in den Naturalia-Filialen (❯❯ S. 98, 102) erhältlich sind.

ⓘ Psairer Bergkäserei, Handwerkerzone Lahne 7/1, St. Martin in Passeier, Tel. 0473 650139, www.psairerbergkaeserei.com, Öffnungszeiten Detailverkauf Mai–Okt.: Mo.–Sa. 9–12.15 Uhr und Fr. 15.30–18.30 Uhr

Halsmannhof, St. Pankraz ㉟

Die Ziegenkäsespezialitäten von Franz Marsoner gibt es nur direkt am Halsmannhof. Hier lebt der Jungbauer mit Frau Heidi, den drei Kindern und rund 35 gämsfarbigen Gebirgsziegen in idyllischer Lage mit Blick über die Ultner Berge. Die steilen Berghänge sind ideal für Ziegen. Auf Anfrage werden Hofführungen für Gruppen angeboten. Der Bioland-Hof liegt am Wanderweg Nr. 5 Richtung St. Helena.

Franz Marsoner ist gelernter Kunstschmied und ein Allroundtalent: Vom Haus über den Stall bis zum Stadel, von den Steinmauern über den Dachstuhl bis hin zum Käsekessel – er hat alles selbst gebaut. Der Bioland-Bauer käst die Rohmilch seiner Ziegen vier- bis fünfmal pro Woche. Er stellt einen Schnittkäse, einen Weichkäse und einen streichfähigen Frischkäse mit Kräutern her. Familie Marsoner ist oft am Wochenende am Hof, um den vorbeikommenden Wanderern ihren Käse zu verkaufen. Doch sicherheitshalber empfiehlt sich ein Anruf vorab, denn der Halsmannhof liegt abgelegen auf 1.488 Höhenmetern. Man erreicht ihn, indem man kurz nach St. Pankraz bergseitig scharf rechts der Beschilderung „St. Helena" und „Mariolberger Alm" folgt. Bei einer Weggabelung mit Parkplatz lässt man das Auto stehen und nimmt den rechts abzweigenden Weg, der in wenigen Minuten nahezu eben zum Halsmannhof führt. Eine Einkehrmöglichkeit befindet sich etwa 10 Gehminuten hinter dem Hof (Gasthof Helener Bichl). ① **Halsmannhof,** Franz Marsoner, St. Helena 2, St. Pankraz, Tel. 347 1301588, halsmannhof@hotmail.de, Öffnungszeiten nach Vereinbarung

David Perathoner empfand eines Tages das Bedürfnis, sein Leben völlig umzukrempeln, weg vom Schreibtisch, hin zur Natur. Bevor er durch Zufall seine Liebe zu den Ziegen entdeckte, hatte er 13 Jahre lang als Tischler und danach 17 Jahre lang im Sportartikelgroßhandel gearbeitet. „Ich bin ein richtiger Quereinsteiger", sagt er mit einem Lächeln, „und mit den Ziegen hat es auf Anhieb geklappt!"

Heute könnte der Bioland-Bauer sich ein Leben ohne seine Ziegen gar nicht mehr vorstellen. „Ich würde es sofort wieder tun!", erzählt er, „Veränderung, das ist der springende Punkt: weg vom Alten, neue Ideen verwirklichen, Marktnischen finden und auf jeden Fall auf Bio setzen!" Von Anfang an kam für ihn nur die biologische Tierhaltung in Frage. Sein Betrieb ist bis aufs kleinste Detail durchdacht und gilt als Vorzeigeunternehmen; Schulklassen kommen zur Besichtigung des Laufstalls und der Milchverarbeitungsanlage an den Hof. David Perathoner füttert seine Ziegen nur mit Heu, das er im Sommer auf rund 20 ha mäht. Die Mähwiesen befinden sich auf ca. 1.200 Höhenmetern, einige Almwiesen sogar auf 2.400 Höhenmetern, die Heuarbeit auf den teils unproduktiven Steilflächen ist schweißtreibend. Aber auch im Winter ist David gut beschäftigt: Sehr intensiv und besonders schön ist für ihn die Zeit, in der die Ziegen ihre Zicklein zur Welt bringen, meist nach Neujahr: „Da wuselt es im Stall, dass es nur so eine Freude ist!"

Davids Goashof, Lajen (91)

Seit 2012 hält David Perathoner am Eingang zum Grödner Tal rund 100 behornte Bunte Deutsche Edelziegen nach Bioland-Richtlinien. Die frische Bioheumilch seiner Ziegen ist sehr bekömmlich, und wer glaubt, er möge keine Ziegenmilch, wird hier eines Besseren belehrt: David achtet sehr auf Sauberkeit im Laufstall und viel frische Luft, somit hat die Milch seiner Tiere nicht den üblichen Ziegenbeigeschmack. Täglich verarbeitet der Biobauer die Frischmilch zu Joghurt, verschiedenen Trinkjoghurts, Streich- und Frischkäse. Erhältlich sind die Produkte ab Hof und an verschiedenen Verkaufsstellen in Südtirol (» Homepage).

ⓘ **Davids Goashof,** David Perathoner, Tanirz 2f, Lajen, Tel. 335 5425828, www.goashof.it, Öffnungszeiten Ab-Hof-Verkauf nach Vereinbarung

Luech da Uridl, St. Ulrich (92)

Urkundlich erwähnt wurde der Bauernhof Luech da Uridl bereits im Jahr 1645. Er befindet sich direkt in St. Ulrich auf 1.236 Höhenmetern und ist seit rund 200 Jahren im Besitz der Familie Obletter. Claudia und Bruno bewirtschaften den Hof seit 1999 nach Bioland-Richtlinien, mit vier Milchkühen und drei Milchkälbern. Die Kühe sind das ganze Jahr über am Hof. Neben der frischen Milch sind je nach Verfügbarkeit auch Joghurt und Frischkäse ab Hof erhältlich. Dazu kommen Eier, Fruchtaufstriche, Säfte sowie saisonales Beerenobst, v. a. Himbeeren. Nach Voranmeldung und gegen einen kleinen Unkostenbeitrag gibt Claudia Obletter Hofführungen. Sie zeigt gerne, wie biologische Milchviehhaltung funktioniert und wie die Tiere leben. Es stehen auch zwei Ferienwohnungen zur Verfügung.

Luech da Uridl, Claudia und Bruno Obletter, Nevelstr. 20, St. Ulrich, Tel. 338 6424009, claudia.insam@rolmail.net, Öffnungszeiten nach Vereinbarung

Kleinstahlhof, St. Johann im Ahrntal 113

Als Helmuth Großgasteiger 2006 den elterlichen Hof übernahm, hat er ihn auf biologische Landwirtschaft umgestellt und kurzerhand in einen Laufstall für Ziegen umgewandelt. Dazu kam eine eigene Hofkäserei. Dort verarbeitet der Jungbauer täglich die Milch seiner rund 55 weißen deutschen Edelziegen mit viel Können und auch Fantasie. Denn seine unterschiedlichen Käsevariationen sind nicht nur im Geschmack einmalig, sondern auch von den Namen her: Die Weichkäse heißen Peter, Heidi und Schnucki, der Schnittkäse Bärli. Auch einen Frischkäse und Kaminwurzen (kaltgeräucherte luftgetrocknete Rohwürste) gibt es im Sortiment. Erhältlich sind die Bioland-Produkte ab Hof und übers Biokistl (❯ S. 119).
ⓘ **Kleinstahlhof,** Helmuth Großgasteiger, Brunnberg 68, St. Johann im Ahrntal, Tel. 333 4860454, www.kleinstahl.com, Öffnungszeiten Hofladen Apr.–Nov.: Mo.–Sa. 9–12 Uhr und 14–18 Uhr

Moserhof, Steinhaus im Ahrntal 114

Der geräumige Hofladen am Moserhof besticht durch eine Kombination aus modernem Design, naturbelassenem Holz und großen Glasfenstern. Hier sind hofeigene Bioland-Produkte aus Schafsmilch sowie Lamm- und Schweinefleisch und weitere Produkte (Fruchtaufstriche, Säfte, Wein) aus der Region erhältlich. Zudem finden auf Anfrage Verkostungen und Seminare, aber auch Feste und kulturelle Veranstaltungen aller Art statt.

Michael Oberhollenzer, Vordenker und Visionär, hatte schon in seiner Jugend unzählige kreative Ideen, wie er die Produktvielfalt und Direktvermarktung am heimischen Hof steigern könnte. Seit 2005 bewirtschaftet er den Moserhof gemeinsam mit seiner Frau Elisabeth in fünfter Generation. Die teils sehr steilen Wiesen, Weiden

und Almen befinden sich in Lagen von 1.000 bis 2.300 Höhenmetern und bieten gute Voraussetzungen für die Milchschafhaltung, auf die sich die Oberhollenzers spezialisiert haben. Stall und Käserei wurden so errichtet, dass Besucher nach Vereinbarung jederzeit bei den Arbeiten zuschauen können. Als besonderes Pilotprojekt hat Michael gemeinsam mit Ethical Banking (Raiffeisenkasse) ein neuartiges Finanzierungskonzept für den Umbau des Hofes entwickelt: Anleger investieren und erhalten sogenannte „Genussrechte". Das bedeutet, dass die Zinsen des angelegten Kapitals in Form von hofeigenen Produkten wie Schafskäse, Schafsjoghurt, Schafsbutter, Kartoffeln, Lammfleisch, Speck, Kaminwurzen usw. ausbezahlt werden. Auch „erarbeiten" kann man sich seine Lebensmittel am Moserhof: Wer seine Talente einbringen möchte bei Tätigkeiten aller

⊘ SÜDTIROLER SCHAFSKÄSE

„Pampile" ist im Pustertaler Dialekt das Wort für Lamm. Und so heißt auch der Schnittkäse aus Schafsrohmilch vom Moserhof. Er reift rund sechs Wochen und hat einen angenehm milden Geschmack und Geruch nach Schaf. Ein weiterer Schafskäse vom Moserhof ist ein Grillkäse. Dieser weiße Frischkäse aus Schafsmilch entfaltet erst durch das Braten in der Pfanne oder auf dem Grill seinen Geschmack, er schmilzt nicht und behält seine Form. Dies ist dem nur leicht sauren pH-Wert zu verdanken: Beim Käsen wird die Labaktivität durch Hitze gestoppt,  damit der pH-Wert nicht weiter absinken kann. Denn ein Käse mit einem pH-Wert unter 5.9 schmilzt. Am Besten schmeckt das Schafskäslein in Butter oder Butterschmalz gebraten, im Speckmantel auf Salat oder auch paniert als vegetarisches Schnitzel.

Art – von Heuarbeit und Kartoffelernte über Sanierungs- und Büro-arbeit bis hin zu Weidepflege und Zaunarbeiten auf den Almen – kann sich seine Bioprodukte direkt verdienen. Von Ostern bis Aller-heiligen finden auf Voranmeldung jeweils mittwochs von 16 bis 18 Uhr Hofführungen mit anschließender Produktverkostung statt. Für Gruppen ab 15 Personen werden nach Absprache jederzeit Hofführ-ungen organisiert.

ⓘ **Moserhof,** Michael Oberhollenzer, Steinhaus 4, Ahrntal, Tel. 0474 652274, www.moserhof-ahrntal.com, Öffnungszeiten Hofladen: Mi.–Sa. 9–12 und 15–18 Uhr, im Sommer durchgehend geöffnet

Veidlerhof, St. Magdalena/Gsies ⑯

„Die Ziege ist ein Bockvieh", dachte Johann Bachmann anfangs, als er die Milchkuhwirtschaft aufgab und sich für die Ziegenhaltung mit eigener Hofkäserei entschied. „Doch Ziegen sind sehr intelligent, wenn man sich die Zeit nimmt und sich mit ihnen beschäftigt!", sagt der Jungbauer heute. Seit 2011 hält der Bioland-Landwirt rund 35 weiße deutsche Edelziegen und veredelt die Rohmilch von März bis Oktober zu Ziegenkäse. Der Schnittkäse reift je nach Jahreszeit drei bis sechs Wochen. Probieren kann man den milden Käse am Bauernmarkt in St. Martin von Juli bis September (alle zwei Wochen freitags 9.30–12 Uhr). Ganzjährig erhältlich ist der Käse in der Schaukäserei Drei Zinnen in Toblach und in der Stadtmetzgerei Bernardi in Bruneck.

ⓘ **Veidlerhof,** Johann Bachmann, Bergerstr. 61, St. Magdalena/Gsies, Tel. 0474 948037, johann.bachmann@rolmail.net

Hof Waldruhe, Toblach ⑪B

Am Demeter-Hof Waldruhe der Familie Trenker gibt es eine große Palette an Bioprodukten: von Bergkäse, Camembert, Frisch- und Streichkäse über Topfen und Joghurt bis hin zu Kaminwurzen. Zudem ist im Hofladen ganzjährig Getreide, auf Wunsch auch gemahlen, erhältlich. Von Spätsommer bis Herbst gibt es Kartoffeln und Gemüse wie Weißkohl, Rote Bete oder Karotten.

Anton Trenker hat sich im Jahr 2000 der biodynamischen Landwirtschaft verschrieben. Um die Biomilch seiner sieben Milchkühe, die mit viel Einsatz und Liebe gehalten werden, nicht einer konventionellen Lieferkette zuzuführen, haben er und seine Frau Marialuise sich entschlossen, sie selbst weiterzuverarbeiten. Seither wird in der Hofkäserei fast täglich gekäst. Auch Sohn Lukas hilft regelmäßig mit. Die Molke, die nach dem Käsen übrigbleibt, bekommen die hofeigenen Schweine, so wie vieles andere auch, das die Gemüsefelder und Äcker abwerfen. Der kompostierte Mist der Tiere wiederum wird als Dünger zurück auf die Felder gebracht. Auf diese Weise schließt Familie Trenker den natürlichen Nährstoffkreislauf. Mit biologisch-dynamischen Präparaten werden diese Prozesse zusätzlich unterstützt. Wer den idyllisch gelegenen Biohof Waldruhe näher kennenlernen möchte, hat ganzjährig die Möglichkeit, in einer der vier Ferienwohnungen (2 bis 5 Personen) Urlaub zu machen. Altschluderbach befindet sich von Bruneck kommend kurz vor Toblach rechts.
ⓘ **Hof Waldruhe,** Fam. Anton Trenker, Altschluderbach 2, Toblach, Tel. 0474 972354, www.demeterhof-waldruhe.it, Öffnungszeiten nach Vereinbarung

Parggenhof, Winnebach [120]

Seit über 300 Jahren bewirtschaftet Familie Trojer den Erbhof auf rund 1.100 Höhenmetern kurz vor der Staatsgrenze zu Österreich. Martha und Helmut Trojer halten hier seit 2014 zehn Milchkühe nach Bioland-Richtlinien. In der hofeigenen Joghurtmolkerei verarbeiten sie die biologische Heumilch täglich zu ihrem „Dolomiten Joghurt".

Der Joghurt wird in den Geschmacksrichtungen Himbeere, Heidelbeere, Aprikose, Waldfrüchte, Erdbeere, Getreide und Natur angeboten und ist ab Hof und u. a. über das Biokistl (❯❯ S. 119) erhältlich. Auch die bekannte Bozner Eisdiele Avalon verwendet Joghurt und Milch vom Parggenhof für ihre Eiskreationen. Auf Anfrage bietet Familie Trojer Hofbesichtigungen mit anschließender Joghurtdegustation. Außerdem gibt es vier Ferienwohnungen, wo man die hofeigenen Produkte (z. B. biologische Hühnereier) bei einem gemütlichen Bauernfrühstück in aller Ruhe genießen kann. Die Feriengäste haben die Auswahl zwischen einem Buffet mit verschiedenen regionalen Produkten und einem Frühstückskorb. Biobäuerin Martha kocht auf Wunsch auch wöchentlich für die Gäste typisch regionale Gerichte wie Pustertaler Tirtlan mit Gerstensuppe.
ⓘ **Parggenhof,** Fam. Trojer, Firchatstr. 40, Winnebach/Innichen, Tel. 0474 966627 oder 339 4666371, www.parggenhof.it, Öffnungszeiten: Mo. und Do. 8–10 Uhr, Mo.–Sa. 17–20 Uhr oder nach Vereinbarung

Milch und Milchprodukte werden auch hier produziert:

Oberniederhof, Schnals (❯❯ S. 85)
Hauserhof, Algund (❯❯ S. 86)
Biohof Unterschweig, St. Nikolaus/Ulten (❯❯ S. 87)
Unterhölzlhof, Olang (❯❯ S. 73)

Fleisch und Geflügel

Oberniederhof, Unser Frau in Schnals ㉑

„Gefährdete Tierarten schützen durch Essen" lautet das Motto am Bioland-Bauernhof der Familie Tappeiner. Alle Nutztiere gehören bedrohten Rassen an: Die Milch des Tiroler Grauviehs wird zu Käse, Quark, Butter und Joghurt verarbeitet, das Fleisch des Schwarzbraunen Bergschafs zu Kaminwurzen und Salami, das des Schwäbisch-Hällischen Landschweins zu Speck. Die Fleisch-, Milch- und auch Kräuterprodukte sind im Hofladen erhältlich. Die Eier der Vorwerk- und der Tiroler Hühner sind hingegen den Hausgästen vorbehalten.

Der Oberniederhof wird 1290 erstmals urkundlich erwähnt. In den vergangenen über 700 Jahren wurde er nicht nur als Bauernhof, sondern auch als Gericht, Gefängnis und Zechstube genutzt. Anhand der einzelnen Hofgebäude kann die bauliche Entwicklung im Schnalstal nachverfolgt werden. „Wir haben das Glück, auf einem Hof zu leben, der nie durch Muren oder Sonstiges zerstört worden ist", so Petra Tappeiner. Die ursprünglich aus Berlin stammende Biobäuerin bietet von April bis November jeden Montag und Mittwoch Führungen an, in denen sie die Hofgeschichte und die Arbeitsweisen früher und heute beleuchtet sowie den „Weg der Biomilch" aufzeigt (Dauer 1½ bis 2 Stunden). Auch für „Schule am Bauernhof" ist sie Expertin und hat den Oberniederhof zum zertifizierten Lehrbauernhof gemacht. Die idyllische Umgebung lädt zum Verweilen ein: Die drei denkmalgeschützten Ferienwohnungen (2–8 Personen) können z. T. auch als Seminarräume genutzt werden und lassen Geschichte hautnah erleben, mit Bauernstube, Gewölbeküche und Himmelbett.
ⓘ **Oberniederhof,** Johann und Petra Tappeiner, Unser Frau in Schnals 34, Schnals, Tel. 0473 669685 oder 335 7086786, www.oberniederhof.com, Öffnungszeiten Hofladen Sommer: Mi.–Fr. 16–18 Uhr, Sa. 9–12 Uhr und nach Vereinbarung, Hofführungen Apr.–Nov.: Mo. und Mi. um 10 Uhr, Anmeldungen bis um 20 Uhr des Vortages

Hauserhof, Vellau/Algund ㉙

Ein Besuch am Hauserhof ist auch ein schöner Wandertipp. Doch wird Schwindelfreiheit vorausgesetzt, die teils felsigen Wege sind an manchen Stellen sehr steil und ausgesetzt. Der Bioland-Hof liegt fast direkt am Meraner Höhenweg an der Verbindung zum Vellauer Felsenweg (Markierungen 22 und 25A) auf rund 1.300 Höhenmetern. Von Ostern bis Allerheiligen bietet ein Selbstbedienungsstand eine vielseitige Produktpalette.

Man bringt am besten genügend Kleingeld für die Selbstbedienungskasse mit. In dem kleinen Kühlschrank sind verschiedene Biokäsesorten, Biospeck und sogar Biokaminwurzen erhältlich. Diese geräucherten und luftgetrockneten Rohwürste sind eine typische Südtiroler Spezialität und ein idealer Wanderbegleiter. Verschiedene Sirupe (Holunderblüten, Holunderbeeren, Minze) werden nur ab Hof angeboten. Christoph Tribus und seine Freundin Beate bewirtschaften den Hof mit eigener Hofkäserei. Sie halten rund acht Milchkühe der Rassen Tiroler Grauvieh und Fleckvieh sowie etwa 60 Psairer Bergziegen und 20 Schweine. Den Bioland-Käse findet man im Sortiment des Biokistls (❱❱ S. 119) und des Bioexpress (❱❱ S. 118) sowie im Vinschger Bauernladen in Naturns. Dort sind auch die biologischen Fleischprodukte erhältlich. Wer den Hauserhof mit dem Auto erreichen will, muss rund 1.000 Höhenmeter überwinden: von Algund über Plars, Vellau und Obervellau, dann der Beschilderung „Hofkäserei Hausen" folgen.

ⓘ **Hauserhof,** Christoph Tribus, Vellau 19, Algund, Tel. 348 0053681, www.hofkaeserei-hausen.com, Öffnungszeiten Selbstbedienungsstand: Ostern–Allerheiligen, Ab-Hof-Verkauf nach Vereinbarung

Biohof Unterschweig, St. Nikolaus/Ulten 40

Alois und Anna Berger vom Unterschweighof in St. Nikolaus halten sieben Melkkühe und acht Schweine nach Bioland-Richtlinien. Der Biobauer ist für das Füttern, das Ausmisten, das Melken und für die Heuarbeiten zuständig. Anna hingegen für den Käse. Jeden zweiten Tag käst sie in der Hofkäserei Weich-, Schnitt- und Hartkäse aus Kuhrohmilch. Wird geschlachtet, gibt es Biospeck und Biowürste aus Schweine- und Rindfleisch.

1993 hatte sich Alois Berger ein Bein gebrochen und langweilte sich in der Küche des steilen Berghofs. Also begann er mit seiner Frau Anna gemeinsam, am Herd das Käsen auszuprobieren. Es machte ihnen Freude, auch ließen sich schnell dankbare Abnehmer finden. Daraufhin ergab ein Schritt den nächsten. Heute kann man durch ein Bodenfenster im Hofladen direkt in die darunterliegende Hofkäserei

⊙ BIOSPECK

Die Schweine am Biohof Unterschweig be-
kommen hauptsächlich das Nebenprodukt der
Käseherstellung, die Biomolke – hierzulande
„Kaswosser" genannt. Die Tiere lieben dieses
vitaminhaltige Getränk, und der Speck wird
umso zarter. Nach altem Familienrezept wird
der Speck zuerst mit wenig Salz und verschiedenen Kräutern eingerieben, dann mit
Wacholderstauden geräuchert, das verlängert die Haltbarkeit, und
schließlich drei bis vier Monate lang luftgetrocknet. In dieser Zeit
verliert der Speck bis zu einem Drittel seines Ursprungsgewichts. Die
natürliche Schimmelschicht, die nach der Reifung einfach abgewa-
schen wird, ist ein Zeichen für optimale Reifebedingungen und
schützt den Speck vor Austrocknung. Zudem rundet diese Phase den
Geschmack des Specks ab. Da Speck in Bioqualität in Südtirol sehr rar
ist, ist er nur ab Hof erhältlich und in der Regel schnell ausverkauft.

blicken. Dort wird neben Käse auch Joghurt und Himbeertrinkjoghurt hergestellt. Anna verfeinert einige ihrer Käsesorten mit selbst angebauten Biokräutern und Blüten. Daneben fertigt sie noch einige Kräuterprodukte wie Tees und Salze für die Hausgäste an. Am Unterschweighof kann man nämlich das ganze Jahr über in einer der vier Ferienwohnungen Urlaub machen. Zu erreichen ist der Biohof über St. Nikolaus; nach der Kirche der Beschilderung folgen.
ⓘ **Biohof Unterschweig,** Fam. Alois Berger, Unterschweig 267, St. Nikolaus/Ulten, Tel. 0473 790252 oder 333 1899810, www.uab.it/unterschweig, Öffnungszeiten: täglich, nach Vereinbarung, So. Ruhetag

Biobeef ⑨⑤

Über 20 Biobauernhöfe haben sich zu einer Arbeitsgemeinschaft zusammengeschlossen, um biologisches Jungrindfleisch zu vermarkten. Man erkennt sie am Markenzeichen „Bio*Beef vom Südtiroler Bauernhof". Die Familienbetriebe halten einheimische Rinderrassen als Mutterkühe (Tiroler Grauvieh, Fleckvieh, Original Braunvieh, Pinzgauer und Pusterer Sprinzen). Die Mutterkuhherden sind im Sommer auf den Weiden, im Winter in Freilaufställen mit Auslauf. Gefüttert wird betriebseigenes Heu. Ganzjährig sind auf Bestellung (mit ca. 2–3 Wochen Vorlauf) Fleischmischpakete zu 6–8 kg erhältlich, die küchenfertig und vakuumverpackt ausgeliefert werden. Die Pakete enthalten z. B. Roastbeef, Schnitzel, Braten, Gulasch, Faschiertes und Suppenfleisch.
ⓘ **Biobeef, ArGe Biofleisch,** Filtzweg 5, Villnöss, Tel. 346 0944488, www.biobeef.it, Bestellung telefonisch oder online

Auch in folgenden Betrieben wird Biofleisch produziert:

Munterhof, Sarntal (❱ S. 62)
Hof Waldruhe, Toblach (❱ S. 83)
Kleinstahlhof, St. Johann im Ahrntal (❱ S. 80)
Moserhof, Ahrntal (❱ S. 80)
Unterhölzlhof, Olang (❱ S. 73)

Eier

Feldelehof, St. Pankraz ㊱

Martin Trafoier hat sich für den Feldelehof auf 1.440 m Meereshöhe etwas Besonderes einfallen lassen. Anstatt sich für Legehühner zu entscheiden, wie ursprünglich angedacht, hat er einen Spezialstall für Japanische Legewachteln gebaut. Diese brauchen im Winter eine Bodenheizung, denn von Natur aus würden sie gen Süden fliegen.

Seit 2012 leben rund 200 Wachteln am Fel-delehof. Martin Trafoier hält die Temperatur im Stall ganzjährig über mindestens acht Grad Celsius, damit sich die Tiere wohlfühlen. Der Sommerauslauf muss nach allen Seiten gut gesichert sein, da die kleinen Vögel sehr viele natürliche Feinde haben, die sie gerne erbeuten würden. Dementsprechend scheu und schreckhaft sind die Wachteln. Da sie sehr empfindlich sind, muss man beim Eiereinsammeln sehr behutsam sein. Auch ist die Eiersuche nicht sehr einfach: Martin Trafoier muss den gesamten Boden nach den kleinen gut getarnten Eiern absuchen, denn die Wachteln legen nicht nur in Nestern, sondern verteilen ihre Eier überall. Erhältlich sind die biologischen Wachteleier bei Bioexpress (❱❱ S. 118) – der Hotels und Gastronomiebetriebe sogar bis nach Mailand mit den gefragten Spezialitäten beliefert – sowie nach Vereinbarung ab Hof. Diesen erreicht man über eine schmale Straße, die vor St. Pankraz Richtung Guggenberg rund 7 km rechts den steilen Berg hinaufführt. Die letzten 1,5 km sind nicht asphaltiert. ⓘ **Feldelehof,** Martin Trafoier, Guggenberg 20, St. Pankraz/Ulten, Tel. 335 8489803, feldelehof@hotmail.com, Öffnungszeiten nach Vereinbarung

Tielerhof, Aldein ㉛

Am Bioland-zertifizierten Tielerhof legen zahlreiche Hühner täglich je ein Ei. Im großen Auslauf gibt es auch einige Hähne. Zuweilen dient ihr morgendliches „Kikeriki" als Weckruf für die Gäste der drei Ferienwohnungen (2–6 Personen). Roswitha Prugger bereitet für die Urlauber gerne das Frühstück mit Bioeiern und selbst gemachten Marmeladen und Säften zu, außerdem serviert sie den Hausgästen herzhafte Abendessen – je nach Saison – mit Kräutern und Gemüse

aus dem Garten. Besonders empfehlenswert sind ihre „Aldeiner Schlutzer", Nudelteigtaschen mit der typischen „Kloazn"-Füllung. Diese besteht aus gedörrten Früchten einer alten Birnensorte.
ⓘ **Tielerhof,** Roswitha und Thomas Prugger, Tieler Kronberg 17, Aldein, Tel. 0471 886801, www.tielerhof.it, Öffnungszeiten nach Vereinbarung

Bio Pur, Aldein ⑧²

Bereits seit 1999 hält Anton Gurndin Legehühner nach biologischen Richtlinien. Die Eier seiner rund 250 Hühner der robusten Rasse Lohmann Braun sind ab Hof erhältlich. Zudem beliefert er sämtliche Biofachgeschäfte im ganzen Land mit Eiern von seinem Hof und von drei weiteren Bioland-Höfen in Aldein (von Gertrud Gurndin und vom Tielerhof, ❷ S. 89) und Lajen (Elisabeth Rabanser, Wandertipp mit Alm-Einkehr: www.ramitzlerschwaige.com). Anfahrt: Von Aldein Richtung Petersberg, rechts in die Kronbergstraße einbiegen.
ⓘ **Bio Pur,** Anton Gurndin, Kronberg Gampen 3, Aldein, Tel. 348 9158774, bio-pur@rolmail.net, Öffnungszeiten Ab-Hof-Verkauf nach Vereinbarung

Auch hier werden biologische Eier produziert:

Migihof, Schleis (❷ S. 68)
s'Standl, Terlan (❷ S. 62)
Munterhof, Sarntal (❷ S. 62)

Pennhof, Barbian (❷ S. 136)
Luech da Uridl, St. Ulrich (❷ S. 79)
Marxenhof, Brixen (❷ S. 27)

Honig

Romana Schuster, Tarsch ⑲

Romana Schuster wandert mit ihren rund 60–80 Bienenvölkern durch ganz Südtirol, immer auf der Suche nach den besten Plätzen und den saisonal geeigneten Trachtpflanzen. So sammeln ihre Bienen im Frühjahr zur Zeit der Löwenzahnblüte etwa in Taufers im Münstertal, Südtirols westlichster Gemeinde, oder im Weinbaugebiet Salurn, der südlichsten Gemeinde des Landes. Im Sommer geht es dann auf die Seiser Alm, nach Vellau und nach Hafling in den Wald. Je nach Witterung und Jahresverlauf verkauft die Wanderimkerin verschiedene Honigsorten: Wiesenblütenhonig, Waldhonig, Akazienhonig oder Cremehonig aus Löwenzahnblüten. Erhältlich ist der Bioland-Honig u. a. ab Hof sowie von März bis Oktober am Bauernmarkt in Schlanders (donnerstagvormittags).
ⓘ **Romana Schuster,** Obermühlweg 5, Tarsch/Latsch,
Tel. 340 4741490, romanaschuster@yahoo.de,
Öffnungszeiten Ab-Hof-Verkauf nach Vereinbarung

Bachguterhof, Dorf Tirol ㉔

Franz Laimer ist ein Pionier und Verfechter der biologischen, fairen und regionalen Landwirtschaft. Seit 2015 setzt er ein solidarisches Konzept um, bei dem sich die Konsumenten im Voraus an der landwirtschaftlichen Produktion finanziell beteiligen und dafür die saisonalen Bioprodukte am Hof abholen können (Produktpalette ❯ Homepage). Zudem werden sie laufend über die Geschehnisse am Hof informiert. Auf diese Weise hat Franz als Biobauer ein gesichertes Einkommen und die Konsumenten einen direkten Bezug zu ihren Lebensmitteln. Außerdem ist der Bioland-Bauer leidenschaftlicher Imker. Sein Honig ist ab Hof und über das Biokistl (❯ S. 119) erhältlich. Am ökologisch sehr vielfältigen Bachguterhof gibt es außerdem zwei Ferienwohnungen für jeweils 2 bis 3 Personen.
ⓘ **Bachguterhof,** Fam. Franz Laimer, Haslachstr. 35, Dorf Tirol,
Tel. 0473 923540, www.bachguterhof.com, Honigverkauf ab Hof nach Vereinbarung

Imkerei Rinner, Oberbozen 51

Paul Rinner wandert mit seinen rund 200 Bienenvölkern südtirol-
weit zu den saisonalen Bienenweiden. So entstehen Löwenzahn-
Cremehonig, Kastanien-Lindenblütenhonig, Waldhonig, Blütenhonig
und Alpenerikahonig. Aus dem von seinem Vater als Bienenhaus
geplanten Gebäude in der Nähe des Wolfgrubener Sees ist mit der
Zeit ein 3-Sterne-Hotel (nicht biozertifiziert) geworden, in dem die
Imkerei sowohl bei den Farben und Motiven der Raumausstattung
als auch in der Küche das zentrale Thema darstellt. Direkt vor dem
Hotel steht ein Schaubienenstand mit Glasfront, wo nach Vereinba-
rung Infonachmittage und Bienenseminare stattfinden.
ⓘ **Imkerei Rinner,** Paul Rinner, Wolfsgrubener Str. 7, Ritten,
Tel. 0471 345156, www.honig-rinner.it, Honigverkauf ab Hotel

Markus Morandell, Kaltern 65

Markus Morandell stellt seine rund 35 Bienenvölker rund um Kaltern
auf, vom Mitterberg über den Nikolausberg bis nach St. Josef. Je
nach Witterungsverlauf kann er so Frühlingshonig, Kastanien-,
Lindenblüten- oder auch Waldhonig ernten. Er arbeitet gemäß seiner langjährigen Erfahrung und biodynamischer Prinzipien, indem
er den Naturwabenbau fördert und seine Völker regelmäßig selbst
vermehrt. Erhältlich sind der Honig und die selbst gezogenen Bie-
nenwachskerzen nur ab Hof.
ⓘ **Markus Morandell,** Heppenheimer Str. 5, Kaltern,
Tel. 0471 964517, markusmorandell@gmx.net, Öffnungszeiten
nach Vereinbarung

◉ MARKUS MORANDELL – BIOIMKER DER ERSTEN STUNDE

Eigentlich wollte Markus Morandell Bergbauer werden. Doch dieser Wunsch hat sich nur zum Teil erfüllt. Die Tiere, um die er sich kümmert, sind sehr viel kleiner als Kühe oder Ziegen, dafür sind sie umso zahlreicher: Bienen. Sein Leben beschreibt er als eine Art Zickzack-Linie: Nach einem angefangenen Biologiestudium in Pisa hat er eine Zeit lang Mathematik, Physik und Werken unterrichtet, ist dann zurück nach Kaltern, hat getischlert und ist dort schließlich als Bioweinbauer und Imker geblieben. 1983 hat Markus Morandell seinen ersten Bienenschwarm gekauft, alle seine heutigen Bienenvölker sind direkte Nachkömmlinge. Auf die Mendel stellt er seine Bienen vorerst nicht mehr, seit er dort Besuch von einem Bären bekommen hat. Die Bären lieben nämlich die eiweißreichen Bienenlarven.

Imkerei Rossi, Laag ⑦⑧

Oswald Rossi hat bereits als kleiner Bub seinem Großvater bei der Honigproduktion geholfen. Seit 2002 ist seine Wanderimkerei biologisch zertifiziert. Im Herbst wandert er mit seinen rund 80 Bienenvölkern je nach Witterung von Buchholz oberhalb von Salurn nach Castelfeder, einem hügeligen Biotop mit schönen Weideflächen und alten Eichen unterhalb von Montan. In den Genuss der Apfelblüte kommen seine Bienen im Vinschgau bei Biobauern in Allitz, der Akazienblütennektar wird in der Valsugana eingesammelt. Erhältlich ist der Blütenhonig (Apfel- und Löwenzahn oder Akazie), der dunkle Wald- und der Lindenblüten-Kastanienhonig ab Hof nach Voranmeldung sowie über das Biokistl (❱ S. 119) und in den Filialen von Naturalia (❱ S. 98, 102) und TriadeBio (❱ S. 100, 104).

ⓘ **Imkerei Rossi**, Oswald Rossi, Dantestr. 25, Laag/Neumarkt, Tel. 0471 818167 oder 366 4937379, www.bienen-natur.it, Öffnungszeiten nach Vereinbarung

Natur indoor

Naturparks Südtirol

Naturparkhaus
Texelgruppe in Naturns
Tel. +39 0473 668201

Naturparkhaus
Trudner Horn in Truden
Tel. +39 0471 869247

Naturparkhaus
Schlern-Rosengarten in Tiers
Tel. +39 0471 642196

Naturparkhaus
Puez-Geisler in Villnöß
Tel. +39 0472 842523

Naturparkhaus
Fanes-Sennes-Prags in Enneberg
Tel. +39 0474 506120

Naturparkhaus
Drei Zinnen in Toblach
Tel. +39 0474 973017

Naturparkhaus
Rieserferner-Ahrn in Sand in Taufers
Tel. +39 0474 677546

Mehr Info
Amt für Naturparke
Rittner Straße 4, I-39100 Bozen
Tel. +39 0471 417770
Fax +39 0471 417789
naturparke.bozen@provinz.bz.it
www.provinz.bz.it/naturparke

AUTONOME PROVINZ BOZEN - SÜDTIROL
Abteilung Natur, Landschaft und Raumentwicklung

PROVINCIA AUTONOMA DI BOLZANO - ALTO ADIG
Ripartizione Natura, paesaggio e sviluppo del territorio

Emilio Terza, Wengen 108

Vom Winter bis ins Frühjahr hinein stellt Emilio Terza seine Bienenvölker in Terlan auf. Hier sind die Temperaturen konstanter als im Gadertal, wo die rund 100 Völker, umgeben von den mächtigen Dolomiten, den Sommer verbringen. Der Bioland-Imker hat sich bereits seit 1991 der Honigproduktion verschrieben. Sein Löwenzahn-, Blüten- und Waldhonig ist ausschließlich ab Hof und nach Vereinbarung erhältlich. Man erreicht den kleinen Weiler Ciampei, indem man nach dem Friedhof in Wengen zweimal links abbiegt (etwa 2,5 km). Ein lohnender Wanderausflug ist ein Weilerrundgang, der am Weiler Ciampei vorbeiführt, mit Start in Wengen (Weg Nr. 4).
ⓘ **Emilio Terza,** Ciampei 2, La Val/Wengen, Tel. 333 2773371, emilio.terza@rolmail.net, Öffnungszeiten Ab-Hof-Verkauf nach Vereinbarung

Biohonig wird auch hier produziert:

Kräuterschlössl, Goldrain (» S. 49)
Manincor, Kaltern (» S. 37)

Biofachgeschäfte

In den Südtiroler Biofachgeschäften wird die gesamte Palette der Alltagsprodukte – von Nahrungsmitteln für Mensch und Tier über Kosmetika bis hin zu Reinigungsmitteln – in biologisch nachhaltiger Qualität geboten. Die Mitglieder der Vereinigung Biofachgeschäfte Südtirol betreiben Bioläden mit speziellen Sortimentsrichtlinien: Neben dem Vollsortiment an zertifiziert biologischen Lebensmitteln (Frischprodukte, verarbeitete Waren und Fertiggerichte) bieten sie den Kunden zudem Beratung in den Themenbereichen Warenkunde, Ernährungslehre und biologischer Anbau. Durch eine eigene Qualitätssicherung und unabhängige Prüfer wird die hohe Sortimentqualität regelmäßig überprüft. Einheimische Bioprodukte werden bevorzugt, auch wird darauf geachtet, dass die Transportwege so kurz wie möglich sind. In Ausnahmefällen finden sich auch Waren, die nicht aus kontrolliert biologischer Landwirtschaft stammen (z. B. Fisch aus Wildfang). Solche Produkte sind klar als Nicht-Bioprodukte gekennzeichnet.
ⓘ **Biofachgeschäfte Südtirol,** Bozner Boden/Mitterweg 5, Tel. 0471 310311, www.biofachgeschaefte.it

Bioladen Prad ❿

Der Bioladen in Prad, an der Hauptstraße Richtung Stilfser Joch, ist nicht nur für Lebensmittel, sondern auch für kreative Geschenkartikel eine gute Adresse. Neben den lokalen Bioprodukten aus dem Vinschgau (Äpfel, Gemüse, Säfte, Trockenfrüchte, Essig und Senf) gibt es die gesamte Palette der saisonalen frischen und verarbeiteten Bioprodukte. Außerdem gibt es auch Naturkosmetika, eine große Auswahl ätherischer Öle sowie einige Naturtextilien und Spielzeug für Kleinkinder.
ⓘ **Bioladen Prad,** Hauptstr. 58, Prad,
Tel. 0473 618075, www.biomarkt.it,
Öffnungszeiten: Mo.–Sa. 8–12 Uhr und Mo.–Fr. 15–18.30 Uhr

Bioladen Schlanders mit Bio Bistrot Café Venusta ⓭

Im Bioladen Schlanders wird die breite Produktpalette auf geräumigen 250 m² präsentiert. Das vielfältige Angebot reicht von saisonal frischem Obst, Gemüse und Brot bis hin zu zahlreichen verarbeiteten Bioprodukten. Nicht nur das offene Getreide wird auf Wunsch abgefüllt und gemahlen, sondern auch Reis, Haferflocken, verschiedene Nüsse und Früchtetees werden in der gewünschten Menge abgepackt. Für Käse und Wurstwaren sind eigene Frischetheken vorhanden. Ein Bereich enthält zahlreiche Kosmetika, Hygieneartikel und einige biologische Textilien. Vor allem für das Baby ist vieles dabei: von den Babyschuhen über Strampelhosen bis hin zu Spielsachen. Wer eine Pause braucht, kann im angrenzenden Bio Bistrot Café Venusta biologischen Kaffee, Biocola und dazu etwa Biobauerntoast oder eine Biosachertorte genießen. Eigene Parkplätze sind vorhanden.

ⓘ **Bioladen Schlanders mit Bio Bistrot Café Venusta,** Hauptstr. 18, Schlanders, Tel. 0473 620055, www.biomarkt.it, Öffnungszeiten Bioladen: Mo.–Sa. 8–12 Uhr und Mo.–Fr. 15–19 Uhr, Öffnungszeiten Café Venusta: Mo.–Fr. 7.30–20 Uhr, Sa. 7.30–18 Uhr, So. Ruhetag.

Naturalia Meran ㉗

Der Biomarkt Naturalia in Meran beeindruckt durch seine Größe und das vielschichtige, sehr gut geordnete Sortiment. Es wird eine große Auswahl an frischem Obst und Gemüse sowie Trockenobst und Nüssen zum selbst Abfüllen geboten. Dazu kommen eine Brottheke und eine Frischetheke mit Wurstwaren, Speck und Käse aus Südtirol, Deutschland, Frankreich oder Holland sowie eingelegten Oliven, Artischocken und getrockneten Tomaten aus Italien und Griechenland. Von den Molkereiprodukten und Teigwaren über Reinigungsmittel und Hunde- und Katzenfutter bis hin zu allerlei Nützlichem für den Garten oder Balkon findet man alles, was ein herkömmlicher Supermarkt auch bietet – natürlich alles Bio. Besonders hervorzuheben ist auch das große Weinsortiment: Über 180 Weine aus Südtirol, Italien, Frankreich, Deutschland, Österreich und Übersee stehen zur Auswahl. Darunter sind bekannte Namen aus der Bioweinszene wie Loacker und Manincor, aber auch kleine Bioweinmanufakturen wie Reyter aus Bozen. Für den Bereich Naturkosmetik gibt es eine eigene Abteilung mit großer Auswahl und detaillierter Fachberatung. Außerdem werden verschiedene Getreidemühlen und Getreidequetschen angeboten, die auch über den Onlineshop erhältlich sind. Vor Ort erwartet den Kunden eine kompetente Fachberatung zum Thema Getreidemühlen.
ⓘ **Naturalia Meran,** Meinhardstr. 49, Meran, Tel. 0473 221012, Öffnungszeiten: Mo. und Fr. 8.30–19 Uhr, Di.–Do. 8.30–13 Uhr und 15–19 Uhr, Sa. 8.30–13 Uhr, www.naturalia.it

Sanovital, Lana ㉜

Das kleine Biofachgeschäft Sanovital in der Fußgängerzone Am Gries in Lana bietet neben allerlei frischem Obst und Gemüse eine große Auswahl an getrockneten Kräutern und Tees. Diese werden in

der gewünschten Menge abgefüllt und eventuell auch gemischt. Zudem gibt es ätherische Öle und verschiedenste Nahrungsergänzungsmittel für Gesundheitsbewusste. Besonders praktisch ist die große Auswahl an offenem Getreide, das abgefüllt und auf Wunsch frisch gemahlen wird: Von Weizen, Dinkel, Roggen, Hafer bis Grünkern ist alles dabei.

ⓘ **Sanovital**, Grieser Platz 5, Lana, Tel. 0473 563590, info@sanovital.it, Öffnungszeiten: Mo.–Sa. 8.30–12.15 Uhr und Mo.–Fr. 15.30–19 Uhr.

ElaNatur, Terlan ㊽

Tante Elas Bioladen – so lautete der ursprüngliche Name des kleinen Biofachgeschäfts – ist ein gut sortiertes kleines Geschäft mit übersichtlich geordneten Regalen. Die Auswahl an frischem Obst und Gemüse ist relativ groß, es gibt auch ein kleines Brotregal mit frischen Backwaren. Neben vielen verschiedenen verarbeiteten Bioprodukten, Säften, Weinen, Milchprodukten sowie Haushalts- und Hygieneartikeln ist auch Getreide erhältlich, das auf Wunsch frisch gemahlen wird. Außerdem gibt es eine kleine Auswahl an ökologischen Textilien, Yogazubehör und Geschenkartikeln. Besonders erwähnenswert ist die Ruhe und Freundlichkeit der Bedienung, die für jeden Wunsch ein offenes Ohr hat. Parkmöglichkeiten gibt es direkt vor dem Geschäft.

ⓘ **ElaNatur**, Hauptstr. 34, Terlan, Tel. 0471 257707, www.elanatur.it, Öffnungszeiten Mo.–Fr. 8–12.30 Uhr und 16–19 Uhr, Sa. 8–12.30 und 16–18 Uhr

TriadeBio Bozen 58

Die TriadeBio-Filialen bieten ein großes Sortiment an frischen und verarbeiteten Bio-Produkten (insgesamt rund 4.500) sowie mediterranen und internationalen Spezialitäten. Außerdem stehen verschiedene Haushalts- und Hygieneartikel sowie Naturkosmetika und Nahrungsergänzungsmittel zur Auswahl. In allen drei Filialen (Bozen, Kaltern, Neumarkt) finden regelmäßig Verkostungstage mit abwechselnden Themenschwerpunkten statt. Die genauen Termine sind der Homepage zu entnehmen oder direkt vor Ort zu erfragen.

ⓘ **TriadeBio Bozen,** Dominikanerplatz 5, Bozen, Tel. 0471 981250, www.triadebio.it, Öffnungszeiten: Mo. und Mi.–Fr. 8.30–13 Uhr und 15–19 Uhr, Di. 8.30–19 Uhr, Sa. 8.30–13 Uhr

Bios, Bozen 54

Das kleine Biofachgeschäft Bios in der Bozner Horazstraße wird vor allem von italienischsprachigen Kunden besucht. Neben einer vielseitigen Auswahl an frischen sowie verarbeiteten Biolebensmitteln, vor allem für die traditionelle italienische Küche, findet man hier eine breite Palette an Naturkosmetika: verschiedene biologische Gesichtscremes, wie etwa Abdeckcremes, und anderes Makeup-Zubehör.

ⓘ **Bios,** Horazstr. 19, Bozen, Tel. 0471 287531, Öffnungszeiten: Mo.–Fr. 8.30–13 Uhr und 15.30–19 Uhr, Sa. 8.30–13 Uhr

● FRANZ UND BIRGIT HILLEBRAND

Franz Hillebrand steht fast täglich in der TriadeBio-Filiale in Bozen hinter der Theke und berät die Kundschaft. „Das Schöne an der Arbeit in einem Biofachgeschäft ist der Umgang mit den Kunden", meint er, „diese sind nämlich anders als in einem herkömmlichen Supermarkt. Sie stellen Fragen nach der Herkunft und den Inhaltsstoffen ihrer Lebensmittel und kaufen sehr bewusst ein." Und Franz weiß auf alle Fragen eine Antwort. Denn er kennt zu fast jedem Produkt die Geschichte. Er kann von den Menschen, die dahinter stehen, und von den zahlreichen Projekten berichten. Oft laden er und seine Frau Birgit auch Produzenten in die TriadeBio-Filialen ein oder organisieren Betriebsbesichtigungen. „Dieser Dialog ist uns sehr wichtig", so Birgit, „wir sehen uns als Vermittler zwischen den Produzenten und den Konsumenten." Als Franz und Birgit TriadeBio 1993 gründeten, wählten sie das aus dem Altgriechischen stammende Wort Triade („Dreiheit") als Namen, um das „Dreierteam" Produzent-Handel-Konsument hervorzuheben. Ihre ersten Erfahrungen mit der Verteilung von Biolebensmitteln machten die Hillebrands bereits Mitte der 1980er-Jahre, als sie in Birgits Heimatdorf Tramin, zusammen mit ein paar Gleichgesinnten, eine Bioladen-Genossenschaft gründeten. Zu jener Zeit kamen auch ihre beiden Töchter zur Welt, die nun beide im Verkauf und in der Verwaltung mitarbeiten.

Pro Natura Bozen ⑬

Das relativ kleine Biofachgeschäft Pro Natura im Bozner Stadtteil Gries scheint vor lauter Waren aus allen Nähten zu platzen, doch mit etwas Geduld und der Hilfe der freundlichen Bedienung findet sich alles! Hier gibt es täglich frisches Brot sowie Gemüse, Obst, Naturkosmetik, Reinigungsmittel und vieles mehr, was man auf den ersten Blick nicht erwarten würde.

ⓘ **Pro Natura,** Penegalstr. 1, Bozen, Tel. 0471 281560, www.pronatura.bz.it, Öffnungszeiten: Mo. 8.30–19 Uhr, Di.–Fr. 8.30–13 Uhr und 15–19 Uhr, Sa. 8–13 Uhr

Naturalia Bozen 59

Der geräumige Biosupermarkt Naturalia im nordöstlichen Bozner Stadtteil Rentsch verfügt über eigene Parkplätze. Beschreibung des Biovollsortiments siehe Naturalia Meran (➧ S. 98).
ⓘ **Naturalia Bozen,** Brennerstr. 28, Bozen, Tel. 0471 052929, Öffnungszeiten: Mo. und Fr. 8.30–19 Uhr, Di.–Do. und Sa. 8.30–13 Uhr und Di.–Do. 15–19 Uhr, www.naturalia.it

Mandala, Bozen 55

Das buntgefüllte Biofachgeschäft Mandala im Zentrum von Bozen bietet neben frischem Obst und Gemüse, verarbeiteten Bioprodukten, vielen Teemischungen, natürlichen Pflegeprodukten und biologischen Produkten für Haustiere auch eine große Auswahl an bunten Accessoires und Geschenksideen: In einer Fair-Trade-Ecke werden Kleidungsstücke, Taschen, energetische Steine und Musikinstrumente angeboten. Ab einem Einkaufswert von 100 Euro wird der Einkauf innerhalb Bozen-Stadt am jeweiligen Abend frei Haus geliefert. Nach Terminvereinbarung kann man bioenergetische Tests auf Lebensmittelunverträglichkeiten vornehmen lassen.
ⓘ **Mandala,** Dominikanerplatz 22, Bozen, Tel. 0471 052526, Öffnungszeiten Sept.–Juni: Mo.–Fr. 8.30–13 Uhr und 15.30–19 Uhr, Sa. 9–13 Uhr, Juni–Sept.: nachmittags ab 16 Uhr

Natur & Leben, Sarnthein

Das kleine übersichtliche Biofachgeschäft Natur & Leben in Sarnthein bietet die gesamte Palette biologischer Produkte, von frischen
und verarbeiteten Lebensmitteln bis hin zu Haushalts- und Kosmetikartikeln. Sohn des Hauses und Imker Hannes Göller empfiehlt als
Spezialität den selbst entwickelten „Zauberbalsam". Dieser wird aus
dem eigenen Honig (nicht biozertifiziert) und biologischen ätherischen Ölen (Latschen- und Zirbelkieferöle) aus dem Sarntal hergestellt. Er wirkt vor allem in der kalten Jahreszeit bei verschiedenen
Infekten der Atemwege lindernd.
ⓘ **Natur & Leben**, Europastr. 60a, Sarnthein, Tel. 0471 622709,
natur.leben@gmail.com, Öffnungszeiten: Mo.–Fr. 8.15–12 Uhr und
15.30–19 Uhr, Sa. 8–12 Uhr. Sept.–Juni: Do. Ruhetag

Bio Verde, Leifers

Im Biofachgeschäft Bio Verde in Leifers trifft man auf italienisches
Flair: Die Warenanordnung ist etwas unübersichtlich, die freundli-
che Bedienung indes umso charmanter. Das geräumige Geschäft
enthält Biolebensmittel und Biokosmetika sowie eine kleinere
Auswahl an frischem Obst und Gemüse. Hinzu kommen allerlei Din-
ge zur Dekoration aus fairem Handel sowie Bücher (vor allem italie-
nischsprachige), Räucherstäbchen, Duftkerzen und Schmuck aus
Edelsteinen. Nach Absprache können ästhetische Behandlungen mit
Naturkosmetik im dafür eingerichteten Nebenraum in Anspruch
genommen werden.
ⓘ **Bio Verde**, J.-F.-Kennedy-Str. 120, Leifers, Tel. 0471 954946,
info@bioverde.info, Öffnungszeiten: Mo.–Fr. 8.15–13 Uhr und
15.30–19 Uhr, Sa. 8.15–12.30 Uhr

TriadeBio Kaltern  69

Bei der TriadeBio-Filiale in Kaltern stehen einige Parkplätze direkt am Geschäft zur Verfügung. Beschreibung des Biovollsortiments siehe TriadeBio Bozen (❯❯ S. 100).
ⓘ **TriadeBio Kaltern,** Rebschulweg 1, Kaltern, Tel. 0471 956387, www.triadebio.it, Öffnungszeiten: Mo.–Sa. 8.30–12.30 Uhr und Mo.–Fr. 15–18.30 Uhr, Juni–Sept. nachmittags 16–19 Uhr

TriadeBio Neumarkt 79

Die kleine TriadeBio-Filiale in der Fußgängerzone in Neumarkt bietet ein ausgewähltes Biovollsortiment (❯❯ auch S. 100).
ⓘ **TriadeBio Neumarkt,** C.-Battisti-Ring 2, Neumarkt, Tel. 0471 820215, www.triadebio.it, Öffnungszeiten Sept.–Juni: Mo.–Do. 8.15–12.15 Uhr und 15.30–19 Uhr, Fr. 8.15–19 Uhr, Sa. 8.15–12.15 Uhr, Juni–Sept. nachmittags ab 16 Uhr

Pro Natura Schweiggl, Neumarkt 80

Das kleine Biofachgeschäft Pro Natura Schweiggl unter den Lauben von Neumarkt profitiert von der schönen Kulisse, die zum Einkaufen und Bummeln einlädt. Hier stehen stets die Chefin selbst, Maria Schweiggl, oder Sohn Johannes hinter der Theke, beraten ausführlich und füllen die gewünschte Menge der offenen Waren ab. Die Auswahl an getrockneten Kräutern, verschiedenen Nüssen, Getreidesorten und Trockenobst ist sehr groß, alles wird auf Wunsch auch gemischt und gemahlen. Das Sortiment ist insgesamt sehr breitgefächert, was man in einem so kleinen Laden auf Anhieb nicht erwarten würde. Der freie Platz ist dementsprechend gering. Neben allerlei Brot, Milchprodukten, verarbeiteten Lebensmitteln, Kosmetik, Haushalts- und Hygieneartikeln gibt es sogar Biogebäck. Besonders hervorzuheben ist die saisonale Auswahl an Gemüse, das im Sommer und Herbst fast täglich frisch vom familieneigenen biodynamischen Hof Unternberg am Fennberg (❯❯ S. 63) angeliefert wird. Absolutes

Highlight sind die geschmacksintensiven Erdbeeren, die bei günstiger Witterung von ca. Mitte bis Ende Juni erhältlich sind.
ⓘ **Pro Natura**, Lauben 17, Neumarkt, Tel. 0471 820855, pronaturaschweiggl@hotmail.com, Öffnungszeiten Sept.–Juni: Mo.–Sa. 8.30–12.15 Uhr und Mo.–Fr. 15.30–19 Uhr, Juni–Sept. nachmittags ab 16 Uhr – 19.15 Uhr

Pro Natura, Brixen 🟢98

Der Biosupermarkt Pro Natura im Zentrum von Brixen wartet mit 300 m² Verkaufsfläche und einem beeindruckenden Sortiment auf: Lebensmittel, Nahrungsergänzungsmittel, Naturkosmetik, Naturtextilien, Spiele, Geschenkartikel, Wasch- und Putzmittel. In jeder dieser Kategorien wird eine große Vielfalt geboten. Besonders umfangreich ist die Auswahl für Babys und Kinder in den Abteilungen Naturtextilien und Spiele. Von Stoffwindeln über Babyschlafsäcke, Holzspiele und Tragetücher bis hin zu Bettwäsche und Handtüchern ist alles vorhanden. Für Erwachsene gibt es Unterwäsche und Socken aus Baumwolle, Wolle und Seide sowie Geschenkartikel wie Aroma- und Salzkristalllampen. Wer die Naturkosmetik in einer professionellen Behandlung erproben möchte, sollte einen Termin vereinbaren. Denn die Nachfrage für die Anwendungen des Naturkosmetiksalons im ersten Stock ist sehr groß. Dort werden Gesichts- und Körperbehandlungen sowie Massagen, Peelings und Haarentfernungen auf Zuckerbasis angeboten. Für Teenager gibt es sogar eigene Gesichtsreinigungs- und Schminkbehandlungen mit Naturkosmetik.
ⓘ **Pro Natura**, Stadelgasse 6b, Brixen, Tel.: 0472 837314, www.pronatura-bioshop.com, Öffnungszeiten: Mo.–Sa. 8.30–12.30 Uhr und Mo.–Fr. 15–19 Uhr, Juni–Sept. nachmittags ab 16 Uhr

Biobazar, Bruneck ⑩

Der relativ große Biobazar im Zentrum von Bruneck bietet ein rein vegetarisches Sortiment in gut geordneten Holzregalen und stimmungsvoller Atmosphäre. Die Auswahl an frischem Obst und Gemüse sowie an verarbeiteten Bioprodukten und Weinen ist groß. Besonders spezialisiert ist der Biobazar im Bereich Ayurveda: Von Gewürzmischungen bis hin zu Kosmetikartikeln gibt es vieles zu entdecken. Ein Großteil der Produkte ist auch über den Onlineshop erhältlich.
⊙ **Biobazar,** Oberragen 18a, Bruneck, Tel. 0474 530520, www.biobazar.it, Öffnungszeiten: Mo.–Sa. 9–12.30 Uhr und Mo.–Fr. 15.30 – 19, jeden 1. Sa. im Monat sowie jeden Sa. im Juli, Aug. und Dez. auch nachmittags von 15.30–18 Uhr

Bio Badia, Wengen ⑩

Etwa 15 km nördlich von Corvara, umgeben von Kunstschnitzereiwerkstätten, befindet sich das kleine Biofachgeschäft Bio Badia. Neben frischem Obst und Gemüse, das dreimal wöchentlich geliefert wird, gibt es allerlei verarbeitete und verpackte Biolebensmittel. Vor allem für die vegetarische und vegane Küche ist die Auswahl groß. Aber auch Milchprodukte, Kosmetikartikel und Getränke werden angeboten. Direkt aus dem Gadertal kommt – sofern die Sommerwitterung bienenfreundlich war – der Biohonig. Und wer eine Geschenksidee sucht, kann sich in kleinen Fair-Trade-Körbchen ein nettes Präsent zusammenstellen lassen.
⊙ **Bio Badia,** Handwerkerzone Pederoa, Wengen, Tel. 0471 842052, biobadia@rolmail.net, Öffnungszeiten: Mo.–Fr. 9–12.15 Uhr und 15.30–19 Uhr, Sa. 9–12.15 Uhr und 16–19 Uhr

Andere Geschäfte

GÄRTNEREIEN

Berufstrainingszentrum Gärtnerei Gratsch, Meran ㉖

In der Nähe der Tappeiner-Promenade in Gratsch, die für gemütliche Familienwanderungen im Frühjahr und Herbst geeignet ist, befindet sich das Berufstrainingszentrum. Der Leitspruch des Zentrums lautet „Bio-Logisch-Sozial". Personen mit psychischen Problemen wird hier die Möglichkeit geboten, ein Arbeitstraining zu absolvieren. In der Gärtnerei werden Gemüse, Obst, Blumen und Kräuter nach Bioland-Richtlinien angebaut, verarbeitet und verkauft. Besonderer Wert wird auf alte Sorten gelegt. Neben den Biopflänzchen zum Selbstanbau sind saisonal auch alle Blumen sowie Gemüse- und Salatsorten als Endprodukt im Angebot. In den Wintermonaten gibt es z. B. frisches Wintergemüse aus den Folientunnels und Glashäusern. Kräuter und Beeren werden zu Kräutersalz, Tee und Saft verarbeitet. Außerdem werden Dekorationsartikel wie Adventskränze und Allerheiligengestecke – auch auf Bestellung – angefertigt.

ⓘ **BTZ Gärtnerei Gratsch,** Laurinstr. 70a, Meran, Tel. 0473 200076, btz@bzgbga.it, Öffnungszeiten: Mo.–Fr. 8.30–12 Uhr und 13–16 Uhr, Mi. Nachmittag Ruhetag, Apr. und Mai nachmittags bis 17.30 Uhr

Salvia, Bozen 52

Salvia ist eine Sozialgenossenschaft, die seit 2013 Jugendlichen mit
Beeinträchtigung die Möglichkeit bietet, sich durch gärtnerische
Arbeit in die Arbeitswelt zu integrieren. In der Bozner Gärtnerei
Franz Veit ziehen die Jugendlichen unter fachmännischer Aufsicht
Gewürz-, Heil-, Duft- und Gemüsejungpflanzen nach biologischen
Richtlinien auf. Der Verkauf wird über Großhändler und verschiedene
Gärtnereien abgewickelt. In Südtirol sind die Biojungpflanzen u. a.
in den Gartenmarkt-Filialen der Landwirtschaftlichen Hauptgenos-
senschaft erhältlich.
ⓘ **Sozialgenossenschaft Salvia O.N.L.U.S.,** Kaiserau 58, Bozen,
Tel. 328 2655526, www.salvia.bz.it

Pflegerhof, St. Oswald/Seis 88

*Kardamom, Räuchersalbei und Anisbasilikum: In der Jungpflanzen-
gärtnerei des ersten Biokräuterhofs Südtirols, dem Pflegerhof unterhalb des Schlernmassivs, finden Kräuterliebhaber immer wieder
etwas Neues. Juniorchefin Cornelia Mulser erweitert ihr Pflanzen-
sortiment genauso regelmäßig wie leidenschaftlich. Die vielseitige
Produktpalette des Pflegerhofs reicht von den handgeernteten Samen über die Jungpflanzen bis hin zu Kräutertees und zahlreichen
Kräuterprodukten.*

Mit viel Fleiß, Liebe zum Detail und körperlich an-
spruchsvoller Handarbeit werden am Pflegerhof, mittlerweile in zweiter Generation, rund 2 ha Kräuter angebaut.
Vor allem von Frauen. Seniorchefin Martha Mulser, ihre
Schwester Margareth und die Töchter Cornelia und Maria
werden von sechs bis sieben Mitarbeiterinnen und zeit-
weise von Praktikantinnen unterstützt. Die Männer am
Hof, Ferdinand, der unentbehrliche und sehr hilfsbereite
Nachbar, sowie Günther und Franz, helfen bei den kräf-
temäßig anspruchsvolleren Arbeiten, wie der Himbeer-
blätterernte im steilen Waldgelände. Die flinksten Hände
beim Blütenpflücken hat die langjährige Mitarbeiterin
Verena. Sie half bereits als junges Mädchen während der Schulferien
immer am Pflegerhof mit. Das gut eingespielte Team bildet das Herz-
stück des Pflegerhofs, denn alle Arbeitsschritte – von der Pflanzen-
samenproduktion über die Aufzucht der Jungpflanzen bis zur Kräu-
terverarbeitung und Verpackung der Produkte – finden am Hof
statt. An ein autorisiertes Labor ausgelagert wurde lediglich die
Produktion der Kräuterkosmetika (Salben, Shampoos, Massageöle).

Juniorchefin Cornelia stellt das jährlich variierende Sortiment der in Töpfen verfügbaren Kräuterjungpflanzen zusammen, die nur ab Hof (ab März) erhältlich sind. Sie hat unter anderem 20 verschiedene Basilikum-, über 60 unterschiedliche Minze- und fast 100 Salbeisorten im Angebot. Dazu kommen interessante Tomatensorten und Exoten. Insgesamt sind es über 500 verschiedene Arznei-, Gewürz-, und Gemüsepflanzen. Alle anderen Pflegerhof-Produkte wie Kräutersamen, getrocknete Einzelkräuter, Gewürzmischungen, Kräuterkosmetika, Teemischungen, Kräutersalze sowie Minze- und Melissenzucker und hilfreiche Kräuterratgeber sind sowohl ab Hof, über den Onlineshop als auch auf einigen Märkten (z. B. von Juni bis Oktober am Freitagvormittag am Bauernmarkt in Kastelruth und von Juli bis September am Dienstagvormittag in Seis) und z. B. über das Biokistl (❯ S. 119) erhältlich.

Empfehlenswert ist ein Besuch am Hof, den man über St. Vigil (Golfplatz), über Seis und St. Oswald oder über Waidbruck/Kastelruth (ab Abzweigung St. Oswald) erreicht. Eine Haltestelle des Linienbusses 177 befindet sich auch direkt am Hof. Man sollte für die Gärtnerei aber auch für den einladenden Hofladen und die schöne Aussicht Richtung Rittnerhorn genügend Zeit mitbringen. Im Sommer und Herbst finden regelmäßig, gegen ein kleines Entgelt, Hofführungen (ca. 30–45 Min., für Gruppen auch nach Vereinbarung) statt.

ⓘ **Pflegerhof,** Martha und Cornelia Mulser, St. Oswald 24, Seis, Tel. 0471 706771, www.pflegerhof.com, Öffnungszeiten: Mo.–Sa. 10–17 Uhr, Apr.–Aug. bis 18 Uhr, Hofführungen Mai–Juni und Sept.–Okt. Fr. und Juli–Aug. Mo.–Fr.

Biopflanzen werden auch hier produziert:

Noàl, Salurn (❯ S. 53), Kräutergarten, Wipptal (❯ S. 55)

👁 MARTHA GASSLITTER MULSER

Die Kräuterexpertin Martha Gasslitter Mulser hat das verwirklicht, wovon viele träumen: Sie hat ihr Hobby zum Beruf gemacht. Und nicht nur das! Sie hat einen kleinen Bergbauernhof in einen wortwörtlich blühenden Vorzeigebetrieb verwandelt, in dem nicht nur Familienmitglieder ihre Berufung gefunden haben. Ihr und allen Mitarbeiterinnen gemeinsam ist die Liebe zu den Kräutern. Mit Salbei, Ysop, Thymian, Melisse, Pfefferminze, Ringelblume, Eibisch, Sonnenhut und Baldrian begann im Mai 1982 die Erfolgsgeschichte von Martha Mulser. Auf dem ca. 100 m² großen, sehr steilen „Tabakackerle" legte die vierfache Mutter ihren ersten Kräutergarten an. Auf biologische Landwirtschaft umgestellt hatte sie den kleinen Viehwirtschaftsbetrieb bereits zwei Jahre vorher. Die Anfangsjahre waren beschwerlich, vor allem die Vermarktung entpuppte sich als wenig lukrativ. Der beherzten Biobäuerin gelang es dennoch, den Kräuteranbau weiter auszubauen. Heute gehört der Pflegerhof zu den größten und vielfältigsten Kräuterhöfen Südtirols. Martha Mulser ist eine Koryphäe, nicht nur in der Kräuterwelt. 2014 wurde ihr der nationale Preis für innovative Projekte in der Landwirtschaft überreicht. In Zukunft wird sie ihrer Tochter Cornelia die Leitung des Pflegerhofs übertragen. Doch auch im „Ruhestand" hält es Martha nicht allzu lange ohne den wohltuenden Duft ihrer Kräuter aus. „Ich liebe den Umgang mit den Kräutern", sagt sie, „das ist meine Berufung."

Bartgaishof, Vahrn 🔟⁰

Oberhalb der Dorfkirche von Vahrn werden auf 1.000 m² mehr als 150 verschiedene Kräuterpflanzen, von verschiedenen Tees bis hin zu Würz- und Duftkräutern sowie exotischen Kräutern aus aller Welt, nach Bioland-Richtlinien gezüchtet. Viele davon werden nach dem Ernten getrocknet und anschließend einzeln oder in verschiedenen Kräutermischungen zu Aufgüssen, Tees und anderen Kräuterprodukten veredelt.

Die sozialpsychiatrische Rehabilitationseinrichtung der Sozialdienste der Bezirksgemeinschaft Eisacktal mit Töpferei und Gartenbau verzichtet seit ihrer Öffnung 1992 auf den Einsatz von chemisch-synthetischen Pflanzenschutzmitteln und Kunstdüngern. Die Arbeits- und Beschäftigungsbereiche Biogartenbau und Töpferei fördern die seelische Gesundung, die soziale Zugehörigkeit und das Wohlbefinden der rund 25 Klientinnen und Klienten. In der Töpferei werden Gefäße und viele Dekorationsideen verwirklicht, welche die Pflanzen am Balkon und im Garten gut zur Geltung bringen. Die Kräuterpflanzen und Trockenprodukte und auch die Töpferwaren sind ganzjährig am Bartgaishof selbst sowie im Werkstattladen der Sozialdienste Eisacktal im Innenhof des Lachmüller-Hauses im Zentrum von Brixen erhältlich. Im Frühjahr sind dort zudem Kräuter- und Gemüsejungpflanzen in Bioland-Qualität erhältlich. Das Sortiment bietet unter anderem Küchenkräuter wie Schnittknoblauch, Dillkraut, Kerbel, verschiedene Basilikumarten, Französischen Estragon, Rosmarin, Olivenkraut, Brotklee, Griechisches Bergkraut, spezielle Gemüsesorten wie Bonsai Chili, Kirschpeperoni und Glockenpaprika bis hin zu Kornblumen, Walderdbeeren, Kamille, Melisse, verschiedenen Minzesorten und Salbeitypen.
ⓘ **Bartgaishof,** Sozialpsychiatrische Rehabilitationseinrichtung, Sozialdienste der Bezirksgemeinschaft Eisacktal, Salernstr. 24, Vahrn, Tel. 0472 801408, www.bzgeisacktal.it, Öffnungszeiten: Mo.–Fr. 9–12 und 13–16 Uhr; Öffnungszeiten Werkstattladen (Kleiner Graben 1, Brixen): Mo.–Do 8–12, Fr. 8–11.30 Uhr

BROT

Hofbäckerei Folie, Prad ❽

Von März bis Dezember verarbeiten Cilli und Othmar Folie in ihrer biologischen Hofbäckerei ihr eigenes Biogetreide zu verschiedenen Broten. Auf rund 4 ha bauen sie jährlich Dinkel und Roggen an, mit jeweils 1 bis 3 Jahren Ruhephase pro Fläche, damit sich die Böden regenerieren.

Angefangen hat Familie Folie den Getreideanbau und das Brotbacken in erster Linie für den Eigenbedarf. Seit dem Jahr 2000 haben die Folies die Produktion gesteigert und backen nun regelmäßig, jeweils am Vorabend der Märkte oder auf Bestellung. Am Familienbetrieb wird das Korn selbst gesät, geerntet, gereinigt und gemahlen. Neben Dinkel- und Roggenbrot (Vinschger Paarlen) wird auch süßes Gebäck wie Nussschnecken oder Butterkekse gebacken. Erhältlich sind das Brot, die Getreidekörner und das Mehl auf den Bauernmärkten in Mals (mittwochs, Juli–Sept.), Schlanders (donnerstags, April–Okt.), Bozen (Rathausplatz, dienstags, März–Dez.) und Kaltern (dienstags, April–Okt.) sowie ganzjährig im Vinschger Bauernladen in Naturns.
ⓘ **Hofbäckerei Folie**, Fam. Othmar Folie, Kiefernhainweg 56, Prad am Stilfser Joch, Tel. 340 8923635, info@folie-othmar.com, Öffnungszeiten Ab-Hof-Verkauf nach Vereinbarung

Roatnocker, Unsere liebe Frau im Walde ④¹

Freitags ist am Bioland-Hof Roatnocker in Deutschnonsberg Backtag. Georg und Margareth Weiss bereiten am Vormittag den Teig aus dem eigenen Roggen zu. Dabei werden die Getreidekörner in der hofeigenen Mühle von alten Mahlsteinen gemahlen. Am Nachmittag, wenn der Holzofen die erwünschte Temperatur erreicht hat, werden die Brotlaibe knusprig braun gebacken.

Auf rund 1.330 Höhenmetern, 15 Gehminuten vom Wallfahrtsort Unsere Liebe Frau im Walde entfernt, liegt der Biohof der Familie Weiss mit eigener Hofbäckerei und Hofkäserei. Die Rohmilch der sechs Kühe der gefährdeten Rasse Tiroler Grauvieh wird von Sohn und Jungbauer Theodor zu Butter, Kräuterfrischkäse und gereiftem Schnittkäse veredelt. Zur Bearbeitung der rund 4 ha Ackerflächen und der ca. 7 ha Wiesen ist die ganze Familie gefordert, Georg und Margareth werden nicht nur von Theodor, sondern auch von den Zwillingssöhnen Alexander und Andreas und dem jüngsten Sohn Tobias tatkräftig unterstützt. Ab Mitte September bis Ostern sind ab Hof Kartoffeln erhältlich, und es gibt – solange der Vorrat reicht – Weizenmehl, frisch gequetschte Haferflocken und Gerste in verschiedenen Varianten: Gerste für Gerstensuppe, geröstete Gerste für Gerstenkaffee sowie Gerste mit Schale. Diese soll rund 2 Stunden im Wasser kochen, bis die Schale platzt. „Dann hilft sie bei der Genesung und wirkt fiebersenkend", weiß der Biobauer aus eigener Erfahrung. Nach Vereinbarung bietet Familie Weiss gerne Hofbesichtigungen einschließlich Vorführung der Getreidemühle und Produktverkostung an.

ⓘ **Roatnocker,** Fam. Georg Weiss, Obere-Innere 12, Unsere liebe Frau im Walde, Tel. 331 4420509, www.roatnocker.it, Öffnungszeiten Hofladen: täglich 8–19 Uhr, Hofführungen nach Voranmeldung

Ultner Brot mit Café Ultun, St. Walburg/Ulten ③⑧

In der Bäckerei Ultner Brot in St. Walburg wird seit 1982 Bioge-
treide selbst gemahlen und verarbeitet. Biobäckermeister Richard
Schwienbacher legt großen Wert auf traditionelle Rezepturen. Das
Original Ultner Brot wird aus 100 % Roggenmehl mit selbstange-
setztem Sauerteig hergestellt. Die vielseitige Produktpalette ent-
hält etwa 70 verschiedene Biobrote und Biogebäcksorten und reicht
von Schüttelbrot über Kräuterfladen bis hin zu Grissini-Sticks.

In einer Steinmühle wird das biologische Getreide vor dem Backen
täglich frisch gemahlen. Auf diese Weise gelangen so viele Inhaltsstoffe wie möglich in das Brot. Richard Schwienbacher nimmt dem
Vollkornmehl nichts weg und fügt ihm auch nichts hinzu – außer
Steinkristallsalz und Quellwasser, das auf 1.600 m über St. Walburg
den Ultner Bergen entspringt. Und je nach Rezeptur natürlich auch
Biogewürze und Backtriebmittel. Außerhalb der Geschäftszeiten
sind alle Produkte von Ultner Brot im angrenzenden Café Ultun erhältlich, das täglich durchgehend geöffnet ist. Somit bekommt man
hier auch am Wochenende und an Feiertagen frisches Brot. Außerdem kann man zu biologischem Kaffee Biolinzertorte, Biomohn-
torte, Biokäsekuchen, Bioapfelstrudel und Biospitzbuben genießen. Weitere Ultner-Brot-Filialen gibt es in Meran (Freiheitsstr. 8
und Romstr. 41) und in Algund (Weingartnerstr. 1). Die gesamte
Liste der zahlreichen Verkaufspunkte in Südtirol findet sich auf der
Homepage.
ⓘ **Ultner Brot,** Richard Schwienbacher, Dorfplatz 114, St. Walburg/
Ulten, Tel. 0473 795327, www.ultnerbrot.it, Öffnungszeiten
Bäckerei: Mo.–Fr. 6.30–12 Uhr und 15–18.30, Sa. 6.30–12 Uhr,
Öffnungszeiten Café Ultun: täglich 7–19 Uhr

Natur-Backstube Profanter, Brixen ⑨⑨

Familie Profanter hat als erste Bäckerei Südtirols 2011 ihre Back-
stube zu 100 % auf Bio umgestellt. Erfahrungen mit Biogetreide
sammelt sie bereits seit 1983, als Sohn Benjamin, der heutige Ju-
niorchef, zur Welt kam. Gegenwärtig werden täglich frisch etwa 80
verschiedene Brotsorten und eine Vielzahl an haltbaren und Fein-
backwaren gebacken. Dabei werden rund 1.000 kg Mehl verarbeitet.
Regionalität hat hier Vorrang: Alle frischen Roggenbrote werden
das ganze Jahr über aus Südtiroler Bioroggen hergestellt!

Anfang der 1980er-Jahre war Vollkornbrot in Südtirol unauffindbar.
Erst langsam verbreitete sich das Wissen über die gesundheitlichen
Vorteile der Mehle, die auch Keimling und Schale beinhalten. Denn
über viele Generationen war weißes Mehl ein Privileg der reicheren
Bürger und dunkles Mehl das Arme-Leute-Essen gewesen. Bei der
Herstellung von weißem Mehl wird viel weggeworfen, etwa die
wertvollen Randschichten und der gehaltvolle Keimling der Getreidekörner. 1983 kaufte Familie Profanter sich ihre erste Vollkorn-
mühle, um vollwertiges Mehl selbst mahlen zu können. Gesunde
Ernährung wurde für die damals jungen Eltern zunehmend wichtiger. Da das Getreide in der konventionellen Landwirtschaft meist
gespritzt und kurz vor der Ernte z. B. mit Herbizid behandelt wird,
damit die nötige Reife erzielt wird, war es für die Bäckerfamilie
umso wesentlicher, unbehandeltes Vollkorngetreide zu verarbeiten.
Die schwierige Suche nach Biogetreide begann. Mittlerweile ist die
Zahl der Biogetreideanbauer gestiegen, auch in Südtirol. „Wir sind
Mitinitiatoren und Hauptabnehmer der Südtiroler Initiative ‚Regio-
korn'", so Benjamin Profanter, „damit erwecken wir den hierzulande
fast in Vergessenheit geratenen Getreideanbau wieder zum Leben!"

Er und sein Vater Helmuth haben sich zu Experten entwickelt, was den Getreideanbau angeht. Hinter der Backstube bauen sie auf verschiedenen Versuchsfeldern alte Getreidesorten an. „Die Ernte erfolgt per Hand, da hilft dann die ganze Familie drei Tage lang mit", so Bäckermeister und Lebensmitteltechniker Benjamin. Sein Ziel ist es, alte Südtiroler Weizensorten mit geringem allergenen Potenzial und dennoch guten Backeigenschaften zu finden. Anstelle von künstlichen Zusatzstoffen und vorgefertigten Backmischungen verwendet er täglich frisch gemahlenes Vollkornschrot und Vollkornmehl nach erprobten Familienrezepten. Zudem probiert der leidenschaftliche Vordenker gerne Neues aus. In seinem Sortiment finden sich vegane, laktosefreie und glutenarme Backwaren. Das gesamte Sortiment und die zahlreichen Verkaufspunkte sind auf der Homepage ersichtlich.

ⓘ **Natur-Backstube Profanter,** Helmuth und Benjamin Profanter, Ignaz-Seidner-Str. 28, Brixen, Tel. 0472 885588, www.profanter.it, Führungen für Gruppen in der Backstube nach Vereinbarung

⊙ SCHÜTTELBROT

Das Ursprungsgebiet des Südtiroler Schüttelbrotes ist das mittlere Eisacktal. Die Bauern brachten traditionell beim ersten Schnee ihre Backöfen auf Temperatur und verbackten ein paar Tage lang fast das gesamte geerntete Getreide. Die fertigen Brotlaibe wurden dann in speziellen Brotrahmen in luftiger Höhe, vor Mäusen sicher, das ganze Jahr über aufbewahrt. Die „Breatlen" wurden mit der Zeit so hart, dass sie nur noch eingeweicht, z. B. in Gerstenkaffee, Suppe oder Wein, verspeist werden konnten. Eine weniger harte und knusprigere Alternative stellte das Schüttelbrot dar. Diese lockeren Fladen wurden vor dem Backen geschüttelt, bis sie ganz flach waren und kamen dann zum Schluss, bei geringer Hitze, in den Backofen. Dort blieben sie bis zum völligen Austrocknen. Dadurch entstanden knusprige Schüttelbrote, die nur mehr aus Kruste bestanden und daher nicht schimmeln konnten. Dieser Tradition folgend stellt die Bäckerei Profanter auch heute noch Schüttelbrot aus einheimischem Bioroggenmehl und Kümmelsamen her. „Das Ausschütteln dieses weichen Teiges erfordert viel Geschick", so Benjamin Profanter, „doch der Aufwand lohnt sich, denn was gibt es Besseres als ein Stück Schüttelbrot mit Speck oder Käse zur Marende?" In mundgerechte Stücke gebrochen wird das Schüttelbrot übrigens, indem man eine Faust bildet und mit dem Knöchel des Mittelfingers energisch drauf klopft.

Bernhard Feichter, Toblach ⑰

Im Demeter-zertifizierten Familienbetrieb wird dienstags und freitags Brot aus eigenem Getreide gebacken. Bernhard Feichter bäckt im Holzofen Dinkelbrot, Pusterer Breatln (Roggen-Sauerteigbrot) sowie sein Hausbrot mit Weizen, Dinkel, Hafer und Gerste. Dazu kommen Kekse mit Schokotropfen und Cracker ohne Hefe. Erhältlich sind die Brote ab Hof solange der Vorrat reicht.

Bernhard Feichter ist Experte für Brotklee, auch Zigeunerkraut genannt. Er baut die einjährige Leguminose auf rund 2,5 ha an. Geerntet wird die ganze Pflanze samt Blüten und Blättern. Nach der schonenden Trocknung wird sie gemahlen und einige Zeit gelagert. Durch die Lagerung intensiviert sich der Geschmack. Bäckereien in ganz Südtirol beziehen den Gewürzklee aus Toblach, er ist ein beliebtes Brotgewürz für typische Südtiroler Produkte wie z. B. Pusterer Breatln und Schüttelbrot. Auf den Flächen, auf denen der blau blühende Klee einmal gewachsen ist, muss eine vier- bis fünfjährige Pause eingelegt werden. Deshalb hält sich der Biobauer an eine vielfältige Fruchtfolge mit Kartoffeln, Karotten und Roter Bete. Das Lagergemüse ist ab September im Hofladen und ab Mitte Oktober bei Osiris (❷ S. 18) erhältlich. Bernhard Feichter baut zudem jährlich rund 7 ha Getreide an, das er selbst reinigt und auf Wunsch auch mahlt. Seine Frau Christine steht meist im Hofladen und verkauft Weizen, Roggen, Dinkel, Hafer und Gerste. Als gelernte Schneiderin näht sie auch bunte Kissen und Nackenstützen mit Dinkelspelzen, auf Bestellung auch individuell nach Wunsch.
ⓘ **Bernhard Feichter,** Zipfangerstr. 1, Toblach, Tel. 0474 972324 oder 335 5477050, www.brotklee.it, Öffnungszeiten Hofladen: Di.–Mi. und Fr. 9–19 Uhr, Sa. 9–16 Uhr, Mo., Do. und So. Ruhetag

Biobrot gibt es auch hier:

Migihof, Schleis (❷ S. 68)
St.-Johannes-Hof, Tarsch/Latsch (❷ S. 69)
Töllerhof, Algund (❷ S. 16)
Marxenhof, Brixen (❷ S. 27)

Lieferservice und Marktstände

Bioexpress, Algund ㉘

Über den Lieferservice Bioexpress können in ganz Südtirol und im gesamten norditalienischen Raum biologische Produkte bezogen werden. Besonders umweltfreundlich wird in Bozen (und Mailand) ausgeliefert: nämlich per Fahrrad, mit reiner Muskelkraft. Freitags findet zudem ein Direktverkauf in Algund statt, wo die verschiedenen Verpackungseinheiten mit festgelegten Preisen frei nach Wahl selbst befüllt werden können.

Der seit 2005 bestehende Bioexpress liefert saisonale italienische Bioware direkt bis vor die Haustür. Anfangs wurde Obst und Gemüse von einigen Biobauern aus dem Burggrafenamt verteilt, mit der Zeit kamen Bioprodukte aus ganz Italien und einige exotische Früchte aus fairem Handel dazu sowie verarbeitete Bioprodukte (z. B. Apfelsaft, Wein, Brot, Milchprodukte) und andere Lebensmittel (z. B. Eier). Wöchentlich oder in größeren Abständen können folgende Verpackungseinheiten bestellt werden: Single-Sackl, Baby-Sackl, verschiedene Büro-Steigen sowie eine mittlere Steige für kleine Familien und eine große Steige für größere Familien. Bezahlt wird am Monatsende.

ⓘ **Bioexpress,** Steinachstr. 45, Algund, Tel. 0473 442366 (grüne Nummer: 800 892838), www.bioexpress.bz, Öffnungszeiten Freitagsverkauf: 8–18 Uhr

Biokistl, Lana ㉚

Das Biokistl wurde 1999 von einigen Biobauern gegründet, mit dem Ziel, ihre Produkte direkt an die regionalen Konsumenten frei Haus zu liefern. Mittlerweile werden die Bioprodukte von rund 25 Südtiroler Biobauern sowie – v. a. in den Wintermonaten – von einigen süditalienischen Partnerbetrieben über den Lieferservice und in den drei Filialen in Lana, Meran und Auer verkauft.

Anfangs verteilten die Biobauern über den Lieferservice nur eigene Produkte, also Obst und Gemüse. Um die Kundenwünsche zu erfüllen, wurde das Sortiment mit der Zeit um viele Sparten erweitert: Mittlerweile ergänzen Produkte von rund 30 regionalen Bioproduzenten das Frischwarenangebot mit biologischen Getreide-, Fleisch- und Milchprodukten. Zudem sind auch ökologische Reinigungsmittel, Pflegeprodukte, Spielwaren und Geschenkartikel sowie laktose- und glutenfreie Produkte über das Biokistl erhältlich. Ausgeliefert wird in ganz Südtirol sowie von Schönberg in Nordtirol bis nach Rovereto, Nonsberg, Val di Fassa, Val di Sole, an den nördlichen Gardasee und in die Valsugana. Zur Auswahl stehen mehrere Kistentypen in verschiedenen Größen, etwa das bunte Kistl (Obst und Gemüse), ein reines Gemüse- oder Obstkistl, das Bürokistl sowie ein Mutter-Kind-Kistl. Der Lieferrhythmus ist wöchentlich oder frei wählbar, man kann auch jederzeit, etwa während des Urlaubs, problemlos pausieren. Ein Tipp für Ferienwohnungsgäste: Das Biokistl kommt auch direkt an den Urlaubsort! (telefonisch oder übers Internet bestellen)
① **Biokistl,** Hauptsitz: Industriezone 1/5c, Lana, Tel. 0473 201023, Filiale Meran: Cavourstr. 91, Tel. 0473 491892, Filiale Auer: Alte Landstr. 14, Tel. 0471 090185, www.biokistl.it, Öffnungszeiten aller Filialen: Mo.–Fr. 8–19 Uhr, Sa. 8–12.30 Uhr

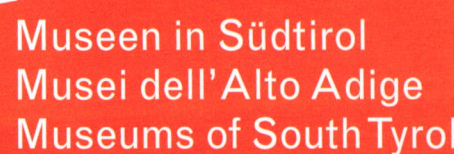

Museen in Südtirol
Musei dell'Alto Adige
Museums of South Tyrol

www.museen-suedtirol.it
www.musei-altoadige.it

Bio-Stand, Bozen ⑤⑦

Andrea Paiarola betreibt den einzigen Stand mit Bioprodukten am Bozner Obstmarkt. Neben frischem Obst und Gemüse der Saison bietet er je nach Verfügbarkeit auch Wein, Honig, Brot, Olivenöl, Essig, Marmeladen, Eier, Mandeln, Trockenfrüchte, Reis und Risottos an. Einige Produkte bekommt er direkt von den Biobauern, andere bezieht er über das Biokistl (❱ S. 119). An den hölzernen Biokistln erkennt man übrigens auch den Stand.

An diesem schmalen Platz in der Altstadt, am Ende der Lauben, wird bereits seit 1277 Handel mit Lebensmitteln betrieben. Ursprünglich soll der Name nicht vom dargebotenen Obst kommen, sondern „oberer Platz" bedeutet haben. Der Obstplatz liegt nämlich vor dem Obertor, das einst den Abschluss der Lauben bildete. Der gebürtige Bozner italienischer Muttersprache betreibt den Biostand in zweiter Generation. Seine Mutter hatte schon immer ein Faible fürs Kochen, daraus entwickelte sich die Leidenschaft für die biologische
Küche. Durch die anfangs schwierige Suche nach Bioprodukten und den organisatorisch aufwändigen Einkauf entstand 2004 die Idee, einen Biostand zu eröffnen. Der Arbeitstag von Andrea beginnt um 5.45 Uhr mit dem Standaufbau – das ganze Jahr über und bei jedem Wetter. „Im Winter kann es sehr kalt werden, doch da helfen zwei Paar Socken übereinander", lacht er. Der Biostand ist der vorletzte Stand am Markt in Richtung Franziskanergasse.

ⓘ **Bio-Stand,** Andrea Paiarola, Stand Nr. 22, Obstplatz, Bozen, Tel. 388 3672839, bio-stand@web.de, Öffnungszeiten: Mo.–Fr. 7–19 Uhr, Sa. 7–13 Uhr

Einkehren

Humus – das Bio-Bistro, Bozen 56

Das Bio-Bistro mitten in Bozens Altstadt ist ein idealer Ort, um einen typisch italienischen Aperitif, den Spritz, auch Veneziano genannt, in Bioqualität zu genießen. Oder auch um gemütlich zu frühstücken: mit frisch gepressten Biosäften, Biotee und Biokaffee. Alle Speisen und Getränke sind biozertifizert. Warme Küche gibt es zur Mittagszeit und am Abend bis 21 Uhr.

Hussien Mohamed stammt ursprünglich aus Ägypten. Seit 2013 führt er das Humus. „Ich lebe schon so lange hier, mittlerweile fühle ich mich als Bozner", sagt der ausgebildete Koch. Seine Freunde nennen ihn Madu. Er stellt die Menüs zusammen, plant die Einkäufe und ist sehr darauf bedacht, die Saisonalität und die kurzen Lieferwege auf seiner Speisekarte widerzuspiegeln. „Es gibt hier nicht immer das, was das Herz begehrt, sondern das, was die Natur gerade anbietet!", lautet seine Devise. Die Gerichte sind vorwiegend vegetarisch oder vegan. Eine Spezialität des Hauses ist natürlich das orientalische Gericht Humus: Kichererbsenpüree kombiniert mit verschiedenen Salaten und saisonalen Gemüsesorten. Für den kleinen Hunger zwischendurch gibt es Biobruschettas in verschiedenen Varianten und einen Tageskuchen. Groß ist die Auswahl an Bioweinen, darunter sind auch vegane Weine und Weine ohne Sulfite zu finden. Das Bio-Bistro bietet innen Platz für maximal 40, außen für rund 20 Personen.
⊙ **Humus – das Bio-Bistro,** Hussien Mohamed, Silbergasse 16, Bozen, Tel. 0471 971961, www.humus-bistro.com, Öffnungszeiten Mo.–Sa.: 9.30–22 Uhr, warme Küche von 12–15 und 18–21 Uhr; So. Ruhetag

Vineria Paradeis, Margreid 72

Am mittelalterlichen Dorfplatz von Margreid, eingebettet in die historischen Mauern des Ansitzes Casòn Hirschprunn (13. Jh.), befindet sich die Vineria Paradeis von Alois Lageder. Seit Anfang 2014 ist das Restaurant mit täglicher Mittagsküche biologisch zertifiziert. Für den kleinen Hunger gibt es jederzeit einige lokale Gerichte, auf Anfrage ist für Gruppen auch abends und sonntags geöffnet.

Benannt hat Alois Lageder die Vineria Paradeis nach einer seiner Lieblingsweinlagen, die direkt oberhalb von Margreid liegt. Hier werden Verkostungen, Führungen, Weinberatung, Veranstaltungen, Barbetrieb und biologische Küche geboten. Alois Lageder ist es wichtig, mit lokalen Biobauern zusammenzuarbeiten und fleischarme Gerichte mit frischen, saisonalen und regionalen Zutaten anzubieten. In der warmen Jahreszeit bietet der Innenhof des Paradeis eine stimmungsvolle Kulisse mit blühenden Zitronenbäumen und dem Plätschern des großen Steinbrunnens als Hintergrundgeräusch. Vom Brunnenhof gelangt man durch ein kleines Eisentor und über einen Kiesweg zum „Garten im Schatten des Paradeis", einen Ort, an dem die Zeit stehen geblieben ist, an dem man aber dennoch Zeuge ihres steten Fließens wird. Die imposanten Bäume in dem kleinen Park wurden bereits Ende des 19. Jh. gepflanzt. Das großteils immergrüne Blätterdach erzeugt ein Schatten-Licht-Spiel, das einen starken Gegensatz zum sonnigen Brunnenhof bildet. Besonders für botanisch Interessierte und für all jene, die sich an schönen Blumen erfreuen, ist der Besuch des Parks sehr empfehlenswert, hier wachsen einige Raritäten (beste Zeit: Mai–Juni). Auf Anfrage wird eine einstündige Führung mit einem anschließenden Glas Wein angeboten. Ganzjährig und auf Voranmeldung gibt es jeden Dienstag und Donnerstag um 14.30 Uhr (deutsch) und um 15.30 Uhr (italienisch) einstündige Kellerführungen mit anschließender Verkostung von drei Weinen an der Theke. Für mindestens sechs Personen besteht auch die Möglichkeit einer umfassenderen

Führung durch den Ansitz Tòr Löwengang und den Weinkeller mit anschließendem Biomittagessen und geführter Weinverkostung (ca. 3 Stunden). Weitere individuelle Führungen auf Anfrage (⟫ auch S. 38). Neben Wein werden im Paradeis auch viele Produkte (Kapern, Reis, Säfte, Honig, Gebäck u. a.) von biologisch und biodynamisch arbeitenden Partnerbetrieben verkauft. Eigener Gästeparkplatz vorhanden.

ⓘ **Vineria Paradeis**, St.-Gertraud-Platz 10, Margreid, Tel. 0471 809580, www.aloislageder.eu/paradeis, Öffnungszeiten Mo.–Sa.: März–Okt. 10–18 Uhr, Nov.–Dez. 10–17 Uhr, Jan.–Febr. 11–15 Uhr, warme Mittagsküche März–Dez. 12–15.30 Uhr; So. Ruhetag

Radstation Bios, Atzwang ⑧⑦

Auf dem Bahntrassenradweg zwischen Bozen und Klausen liegt die biologisch zertifizierte Radstation von Pius Rungger. Sie ist vom Frühjahr bis in den Spätherbst ein Anziehungspunkt für Radfahrer. Doch auch auf vier Rädern kehren viele hier ein, genug eigene Parkplätze sind vorhanden. Warme Bioküche mit hofeigenen Produkten gibt es von der Mittagszeit bis zum frühen Abend.

Seit die Brennerbahnlinie verlegt wurde, führt ein asphaltierter Radweg auf der alten Bahntrasse zwischen Waidbruck und Blumau entlang des Eisacks und durch etliche Tunnel. Die gut ausgebaute Strecke ist rund 18 km lang und sowohl für Radfahrer, als auch für Skater interessant. Bei der Radstation Bios ist sogar eine kleine Radwerkstatt eingerichtet. Pius Rungger hilft gern, wenn ein Fahrradteil zu wechseln oder ein Loch im Reifen zu reparieren ist. Wer sich an einem der Holztische im Freien eine Pause gönnt, der kann sich an den gackernden Hühnern erfreuen. Diese begeben sich öfter auf Krümelsuche unter den Tischen. Eröffnet hat der Bioland-Bauer die Radstation mit dem Gedanken, seine hofeigenen Produkte direkt auf den Teller zu bringen. So stammen Gemüse, Salate, Eier, Speck und Hühnchenfleisch aus eigener Produktion, die Säfte und Marmeladen kommen vom Partschillerhof, den Sohn Andreas mit seiner Familie bewirtschaftet (⟫ S. 26). Das Brot wird täglich frisch gebacken, auch die Schlutzkrapfen mit Wildkräuterfüllung und die Bandnudeln für die verschiedenen Nudelgerichte werden selbst hergestellt. Bei den Gästen besonders beliebt sind die drei verschiedenen Gröstl (Kartoffeln mit Gemüse): vegan, vegetarisch (mit Käse)

und das Radler-Gröstl mit Fleisch. Je nach Verfügbarkeit des Obstes stehen Apfelstrudel oder heiße Himbeeren und selbstgemachtes Eis (Himbeere, Vanille, Minze u. a.) als Nachtisch zur Auswahl. Auf Vorbestellung werden für Gruppen Abendessen angeboten, auch werden im Bios manchmal besondere Anlässe, sogar Hochzeiten, gefeiert. Zudem steht im Freien ein Grillplatz zur Verfügung. Gegen einen kleinen Unkostenbeitrag können Gruppen hier selbst grillen und das Zubehör wie Teller usw. der Radstation benutzen. Die Biozutaten fürs Grillen können direkt vor Ort erstanden werden. Für die Kinder gibt es einen großen Spielplatz im Freien.

ⓘ **Radstation Bios,** Pius Rungger, Atzwang 39, Tel. 348 7446070, www.partschillerhof.it/radstationbios, Öffnungszeiten Ostern–Allerheiligen: Di.–So. 9–18 Uhr, warme Küche 11–17 Uhr, Mo. Ruhetag

Hühnerspielhütte, Gossensass 🔟🔟

Im höchstgelegenen zertifizierten Biorestaurant Europas kredenzen Klaus Leider und seine Partnerin Brigitte kreatives Hausgemachtes, vornehmlich aus regionalen Bioprodukten. Sie legen viel Wert auf die Zusammenarbeit mit den zahlreichen befreundeten Biobauern, so stehen etwa nur Südtiroler Bioweine sowie viele PIWI-Weine auf der Weinkarte (❱❱ S. 31). Warme Mittagsküche gibt es von 11.30 bis 15 Uhr, abends ist nur nach vorheriger Reservierung geöffnet.

Die Hühnerspielhütte auf 1.868 Höhenmetern oberhalb von Gossensass (Gemeinde Brenner) ist ein lohnendes Ausflugsziel für Wanderer, Bergsteiger, Mountainbiker sowie Winter- und Schneeschuhwanderer und Skitourengeher. Die sommerlichen Wanderwege sind gut für die ganze Familie geeignet. Der Aufstieg von Gossensass dauert rund 2 Stunden, über den Braunhof Schmuders erreicht man die

ehemalige Schutzhütte in ca. 2½ Stunden, vom Parkplatz Dachs aus in etwa 1½ Stunden und über die Riedbergalm in rund 30 Minuten. Mit dem Mountainbike bietet sich eine Rundfahrt von Sterzing an (Fahrzeit ca. 3 h, Streckenlänge 30 km, Höhenmeter ca. 1.000). Die Route führt über den Braunhof und die Riedbergalm bis zur Hühnerspielhütte und zurück über Gossensass nach Sterzing. Der im Winter gut präparierte Schneewanderweg ist für die ganze Familie geeignet und kann mit oder ohne Schneeschuhe begangen werden. Er führt vom Parkplatz Dachs in etwa 1½ Stunden zum Biorestaurant. Wer die Rodel mitnimmt, ist auf dem Rückweg schneller unterwegs. Auch als Skitourengeher bietet sich der Parkplatz Dachs als Ausgangspunkt an. Die Abfahrt ist über die gut erhaltene ehemalige Skipiste möglich. Unter dem Motto „Kultur am Berg" organisiert Familie Leider regelmäßig kulturelle Veranstaltungen wie Konzerte, Ausstellungen, Theater und Kino (❷ Homepage). Da das Kochen Brigittes große Leidenschaft ist, sind alle Tiroler und Südtiroler Köstlichkeiten hausgemacht. Ihr Credo: „Wenig Fett, wenig Salz, dafür viele frische Kräuter und natürlich alles Bio!"

ⓘ **Hühnerspielhütte**, Klaus Leider, Gossensass/Brenner, Tel. 335 5666181, www.huehnerspielhuette.it, Öffnungszeiten Mitte Dez.–Ende März: 10–17 Uhr, Mitte Mai–Ende Okt.: 9–18 Uhr, Mo. Ruhetag, Reservierungen erwünscht

Weitere Einkehrtipps:

Biohotel Panorama, Mals (❷ S. 128)
Landhotel Anna, Schlanders (❷ S. 130)
Bio Bistrot, Schlanders (❷ S. 97)
Café Ultun, St. Walburg (❷ S. 114)
Hotel Kaufmann, Auer (❷ S. 134)
Radoar, Feldthurns (❷ S. 46)
Theiner's Garten – Das Biorefugium, Gargazon (❷ S. 132)
Steffelehof, Kaltern (❷ S. 23)
Sporgl-Au, Vilpian (❷ S. 61)
Taubers Bio-Vitalhotel, St. Sigmund (❷ S. 138)

Die Biohotels

Die Biohotels setzen vorbildliche Maßstäbe für den Ökotourismus in Europa. Die oberste Prämisse lautet: 100 % kontrolliert biologische Lebensmittel. Der gesamte Lebensmittelbereich der Biohotels wird regelmäßig von externen Kontrolleuren überprüft. Die Mitglieder des Vereins durchleuchten ihre Betriebe zudem hinsichtlich des Wasser- und Energieverbrauchs sowie des Müllaufkommens und berechnen den CO_2-Wert pro Gast und Nacht. Bei Um- und Neubauten werden u. a. Naturholzmöbel und Textilien aus zertifizierter Biobaumwolle angestrebt. In den Wellnessbereichen wird vornehmlich kontrollierte Naturkosmetik verwendet und bei der Raum- und Textilpflege kommen bevorzugt ökologische Reiniger zum Einsatz. Die detaillierten Standards finden sich auf www.biohotels.info.
Der Verein Biohotels wurde 2001 in Tirol von einigen Hoteliers gegründet, mit dem Ziel, ähnliche ökologische Standards für den Tourismusbereich zu entwickeln, wie sie die Biolandwirtschaft im Sektor der Lebensmittelproduktion geschaffen hat. Mittlerweile hat der Verein über 100 Mitglieder in sieben Ländern: Deutschland, Österreich, Italien, Schweiz, Griechenland, Slowenien und Spanien. Der Großteil der Biohotels befindet sich in Deutschland und Österreich. In Südtirol gibt es sechs Biohotels (Stand 2015).

Biohotel Panorama, Mals ❺

Familie Steiner hat den Familienbetrieb 2002, als erstes Hotel in ganz Italien, biozertifizieren lassen. Die ökologische Bauweise mit Holzständern wurde bereits Ende der 1990er-Jahre umgesetzt, was eine Pionierleistung in diesem Sektor darstellt. Mittags und abends wird Kulinarisches im Biorestaurant serviert. Der hauseigene Gemüse- und Kräutergarten sowie die Biobrennerei sind Bioland-zertifiziert.

Wenn Hotelier und Chefkoch Friedrich Steiner ein Biomenü plant, schaut er zuerst im betriebseigenen Garten nach, was gerade reif ist. Direkt unterhalb des Hotels gedeihen über 70 Kräuter sowie verschiedenste Gemüse- und Obstsorten. Meistens ist Lena, die Tochter des Hauses, hier anzutreffen. Sie liebt die Gartenarbeit an der frischen Luft und hilft außerdem gern im Restaurant beim Service mit. Mutter Thea kümmert sich vornehmlich ums

Büro und die Gästebetreuung. Sohn Georg ist überall im Hotel anzutreffen: im Büro, in der Küche und auch im Service. Was der Garten im Spätsommer und Herbst an Überschuss produziert, wird eingemacht oder von Friedrich in der eigenen Brennerei zu verschiedenen Biodestillaten veredelt. Die teils preisgekrönten Brände sind direkt im Hotel sowie im Bauernladen in Mals erhältlich. Jeden Montag ab 21 Uhr bietet Friedrich zudem eine Verkostung und jeden Sonntagabend ein 5-Gänge-Menü mit Biodestillaten an (Tischreservierung erforderlich). Um die Landwirtschaft des Obervinschgaus zu unterstützen, werden lokale Bioprodukte verwendet. Shampoos und Seifen sind zertifizierte Naturkosmetik, für Warmwasser sorgt eine Solaranlage, und im Regenwassertank wird Wasser für die Toilettenspülung gesammelt. Der kleine Wellnessbereich des Biohotels umfasst u. a. eine Finnische Sauna, ein Türkisches Dampfbad, Tauch- und Kneippbecken, eine Infrarotkabine und ein Ganzkörpersolarium. Neben Liegestühlen laden im Ruheraum auch Hängematten und Hängestühle zum Entspannen ein.

ⓘ **Biohotel Panorama,** Fam. Steiner, Staatsstr. 5, Mals, Tel. 0473 831215, www.biohotel-panorama.it, Öffnungszeiten Hotel: 1 Woche vor Ostern bis 1. Wochenende im Nov., Weihnachten und Fasching, mittags und abends Bioküche im À-la-carte-Restaurant, So.-Abend 5-Gang-Menü mit hauseigenen Biodestillaten. Um Tischreservierung wird gebeten, Di.–Mi. 15 Uhr Ruhetag, Degustation von Bränden Mo. 21 Uhr

Landhotel Anna und Bioreiterhof Vill, Schlanders ⑭

Der denkmalgeschützte Hof der Familie Vill ist seit dem 16. Jh. in Familienbesitz. Erich Vill hat 1985 mit der Umstellung auf biologisch-dynamische Landwirtschaft begonnen, seit 1991 bringt er die biodynamischen Präparate mit den Pferden aus. 1995 wurde das Bauernhaus baubiologisch saniert, seitdem bieten die Vills vier Ferienwohnungen für 2 bis 6 Personen an. 2010 erwarb die Familie das gegenüberliegende Landhotel Anna und führt es als Biohotel.

Pferde sind die große Leidenschaft von Biopionier Erich Vill. Am Reiterhof stehen sieben Haflinger, vier Ponys und ein Noriker zum Reiten zur Verfügung: Es wird sowohl Ponyreiten für Kinder als auch Reitunterricht für Anfänger und Fortgeschrittene angeboten. Für erfahrene Reiter gibt es zudem ein- bis zweistündige geführte Ausritte, Halbtages-

ritte, Nachtausritte und Ganztagesritte. Für die Gäste, die Pferdestärken lieber auf zwei Rädern genießen, stehen im Hotel zwölf Motorräder und ein Elektromotorrad zum Testen bereit. Mittwochs gibt es eine geführte Motorradtour. In den Zimmern mit Vollholzausstattung ist die Bettwäsche aus zertifizierter Biobaumwolle. Am biodynamisch bewirtschafteten Hof gedeihen Äpfel der Sorten Topaz, Gala, Bonita, Stark, Golden Delicious, Braeburn und Natyra. Diese sind als Tafeläpfel bei Bio Vinschgau (❯❯ S. 16) erhältlich. Die weniger schönen Früchte werden zu Apfelsaft und Cidre veredelt. Die Produkte sind ab Hof nach Vereinbarung und im Café des Hotels erhältlich. Dort gibt es zudem hausgemachte Biokuchen. Bioköchin Anna Vill kreiert regelmäßig vegetarische und auf Bestellung auch vegane und glutenfreie Menüs.

ⓘ **Landhotel Anna,** Fam. Vill, Hauptstr. 27, Schlanders, Tel. 0473 730314 und Bioreiterhof Vill, Mühlgasse 13, www.vill.it, ganzjährig geöffnet, im Winter bis 10 Personen nur mit Frühstück, Restaurant auf Voranmeldung abends, Öffnungszeiten Café: Winter 9–17 Uhr (Sa. Nachmittag und So. geschlossen), Sommer täglich 7–22 Uhr

Theiner's Garten – Das Biorefugium, Gargazon ④⑤

Das Biohotel der Familie Theiner ist „von Grund auf" biologisch, es wurde nämlich auf einem Grundstück erbaut, das vorher bereits 25 Jahre lang biodynamisch bewirtschaftet wurde. Offiziell eröffnet wurde es im Frühjahr 2009. Das 4-Sterne-Superior-Hotel verfügt über 110 Betten und einen Wellnessbereich, der nach der Philosophie von Sebastian Kneipp geplant wurde.

Familie Theiner erbaute das Hotel nach den neuesten Standards der Baubiologie basierend auf einem energetisch nachhaltigen Konzept. Vor allem die Baumaterialien wurden mit großer Sorgfalt ausgewählt: Der dominierende Baustoff, Holz, stammt aus Südtirol, die Holzwände sind nach einem Südtiroler Patent weder verleimt noch vernagelt. Zudem ist der CO_2-Ausstoß pro Gast so dezimiert, dass das Biohotel 2009 als 1. Klimahotel in Italien ausgezeichnet wurde. Die Zimmer sind elektrosmogreduziert, ein Fernsehapparat kommt nur auf Wunsch des Gastes dorthin. Auch bei den Textilien wurde nachhaltig investiert: Handtücher und Bettwäsche sind aus zertifizierter Biobaumwolle und werden mit ökologischen Waschmitteln gereinigt. Der rund 1.000 m² große Wellnessbereich verfügt über ein Hallenbad, ein ganzjährig beheiztes Außenbecken, ein Kneippbecken, eine Saunalandschaft mit Tauchbecken und einen

Bewegungs- und Fitnessraum. Bei den Wellnessanwendungen wird ausschließlich ökologisch zertifizierte Kosmetik, u. a. die hauseigene Biokosmetiklinie, verwendet. Diese wird vom Kräuterschlössl (❯❯ S. 49) aus den biodynamischen Früchten des familieneigenen Bergerhofs hergestellt. Am Demeter-zertifizierten Bauernhof, der sich in unmittelbarer Nähe des Hotels befindet, gedeihen allerlei Früchte und Gemüsesorten, die in der Hotelküche Verwendung finden. Sogar die Bioblumen für die Tischdekorationen wachsen dort!

Außerdem entstehen sämtliche Biodestillate in der Hofbrennerei am Bergerhof (❯❯ S. 45). Das große Frühstücksbuffet und das Abendessen kann nach Vorbestellung auch von externen Gästen genossen werden. Dasselbe gilt für die Anwendungen des Wellnessbereichs wie Massagen, Kneippbehandlungen und verschiedene Bäder (z. B. Rosenblüten-, Heu-, Apfel-, Pfirsich- oder Zitronenbad). Der Weinkeller des Biohotels wird Räterkeller genannt, da hier bei den Aushubarbeiten Hinweise auf eine rätische Siedlung gefunden wurden. Heute lagern hier Bioweine aus Südtirol und Italien.

ⓘ **Theiner's Garten – Das Biorefugium,** Fam. Theiner, Andreas-Hofer-Str. 1, Gargazon, Tel. 0473 490880, www.theinersgarten.it, Öffnungszeiten: Mitte März–Anfang Jan.

Biohotel und Residence Kaufmann, Auer 83

Am Fuße des geschichtsträchtigen Hügels Castelfeder befindet sich das Biohotel Kaufmann mit 35 Zimmern, sechs Appartements, Biorestaurant und Biobar. Alle Betten sind mit Naturlatexmatratzen ausgestattet. Warme Küche gibt es für externe Gäste von 19 bis 21 Uhr und am Wochenende auch von 12 bis 14 Uhr. Hausgäste können zwischen Übernachtung mit Frühstück und Halbpension wählen.

Das Naturschutzgebiet Castelfeder ist ein beliebter Ort für romantische Spaziergänge und Ausflüge mit Kindern. Vom Frühjahr bis in den Herbst weiden hier Rinder, Ziegen und Schafe unter imposanten alten Eichen. Auf dem Gipfel des rund 190 m hohen Porphyrhügels thronen die Ruinen einer historischen Siedlung aus dem 6. Jh., und auf einer der großen vom Gletscher geschliffenen Felsen befindet sich eine Fruchtbarkeitsrutsche. Manche Gäste von Familie Terzer nutzen das Natura-2000-Schutzgebiet auch zum Joggen oder Fahrradfahren. Zum Relaxen im Sommer stehen eine Liegewiese, ein Schwimmbad sowie verschiedene Spiele (z. B. Tischtennis, Boccia) und eine Grillhütte zum Selber-Grillen zur Verfügung. Am Frühstücksbuffet finden sich hausgemachte Marmeladen und selbst

gebackenes Brot. Chefkoch Fabian Terzer macht auch die Teigwaren (z. B. Schlutzer, Knödel) sowie Kuchen, Apfelstrudel und Eis selbst. Die süßen Bioköstlichkeiten können auch an der Bar probiert werden. Im Familienbetrieb wird großer Wert auf Nachhaltigkeit und Saisonalität gelegt, seit 2009 ist er Mitglied der Biohotels. „So macht das Wirtschaften einfach mehr Freude", sagt Juniorchef Fabian, „wenn man weiß, dass es besser ist für die Umwelt und die Menschen!"

ⓘ **Biohotel und Residence Kaufmann,** Fam. Terzer, Fleimstaler Str. 16, Auer, Tel. 0471 810004, www.hotelkaufmann.it, Öffnungszeiten (Apr.–Jan.) Bar/Restaurant: Di.–Fr. 7–12 und 17–23 Uhr, Sa./So. 7–23 Uhr, warme Küche Di.–So. 19–21 Uhr und Sa./So. auch 12–14 Uhr, Mo. Ruhetag

Pennhof, Barbian 90

Begrüßt wird man am Pennhof zuerst von den lustigen Bewohnern des Streichelzoos: den Zwergziegen und Hängebauchschweinen. Danach zieht es einen in den Garten mit runder Pergola und Holz-naturpool. Die dortige Aussicht auf die Dolomiten ist atemberaubend! Das Biohotel bietet 12 Zimmer und 5 Chalets.

Der Erbhof ist bereits seit 1683 in Familienbesitz. 2015 machte Elmar Braun aus der elterlichen Biopension ein Biohotel und verwendete beim Umbau vornehmlich heimische Materialien: Südtiroler Zirben- und Kastanienholz sowie Lehm und Stein aus dem Barbianer Wasserfall. Die Zimmer sind mit metallfreien Betten, Netzfreischaltung und Elektrosmogreduktion ausgestattet. Selbst der Naturpool ist komplett aus Holz. Das Warmwasser wird über eine Solaranlage geheizt, eine Photovoltaikanlage erzeugt Strom aus Sonnenlicht. Wer sich für ein Chalet entscheidet, kommt auf der eigenen Veranda in den Genuss eines kleinen Badezubers. Man macht selbst Feuer – das Holz dafür stammt aus dem familien-eigenen Wald – und genießt so auch bei kalten Außentemperaturen

ein heißes Bad im Freien, wer will, ganz privat hinter Vorhängen. Der Speiseraum ist als Wintergarten konstruiert und bietet einen herrlichen Blick in den Gemüsegarten mit Bergkulisse. Küchenchef Elmar hat sich den regionalen Produkten mit kurzen Wegen auch in der Küche verschrieben: Die Zutaten stammen wenn möglich vom angrenzenden familieneigenen Biobauernhof, der von seinem Bruder Hansjörg geführt wird, und anderen Südtiroler Betrieben. Das liest sich dann z. B. so auf der Speisekarte: Gebackene Zucchiniblüte mit Ziegenfrischkäse von Davids Goashof ( S. 79), Schüttelbrotsuppe mit frischen Gartenkräutern, Latschenkieferbandnudeln mit Waldpilzen und Zirmschaum, Eisacktaler Pressknödel mit marinierten Kohlrabi und Zitronenthymian, gratiniertes Filet vom hofeigenen Biokalb mit Edelkastanie. Biobauer Hansjörg ist Mitglied der Arbeitsgemeinschaft Biobeef (S. 88) und zählt die Legehühnerhaltung zu seinen großen Leidenschaften. Seine Biohühner haben als Auslauf fast einen ganzen Berg für sich, mit steilen Hängen, großen knorrigen Kastanienbäumen und einer beneidenswerten Aussicht. Die Gäste vom Pennhof kommen täglich in den Genuss eines Frühstückseis und können weitere hausgemachte Bioprodukte im Hofladen des Hotels erwerben: Speck, Würste, Ragout, Marmeladen und sogar Schokolade. Wer will, lernt innerhalb von nur 20 Minuten, wie man selbst Schokolade gießt! Der Wellnessbereich des Hotels umfasst eine Finnische Biosauna, eine Infrarotkabine und einen Ruheraum.

ⓘ **Pennhof**, Fam. Elmar Braun, Saubach 21, Barbian, Tel. 0471 654498, www.pennhof.com, ganzjährig geöffnet

Taubers Bio-Vitalhotel, St. Sigmund 106

Das Bio-Vitalhotel der Familie Tauber umfasst 44 Betten und ist vor allem bei Wanderern beliebt. In den baubiologischen Zimmern mit Vollholzmöbeln und Netzfreischaltern werden bewusst kein Fernseher und kein WLAN geboten. Für die Wellnessanwendungen wird Biokosmetik von Bergila (S. 58) und Vitalis verwendet. Im hauseigenen Bioland-zertifizierten Gemüsegarten sorgen zwei zutrauliche Laufenten dafür, dass die Schnecken den Salat nicht wegfressen.*

Gerd Tauber bietet seinen Gästen im Sommer sowie im Winter nach Vereinbarung zweimal wöchentlich (Mo. und Fr.) geführte Wanderungen an. Der leidenschaftliche Wanderführer beschreitet Touren, die alleine schwer zu finden sind. Im Sommer sollte man mit Bergschuhen, im Winter mit Schneeschuhen ausgerüstet sein. Ein Wanderrucksack wird vom Biohotel gestellt und steht in jedem Zimmer schon bereit. Den Höhepunkt der Ausflüge bildet die kulinarische Überraschung am Gipfel. Der gelernte Koch hat in luftiger Höhe sogar schon Kaiserschmarren zubereitet! Zur Entspannung nach einem erlebnisreichen Wandertag stehen im Wellnessbereich Sauna und Dampfsauna sowie ein kleines beheiztes Außenbecken zur Verfügung. Besonders schön ist die Außensauna mit Glasfront und Blick auf den kleinen, sehr hübsch gestalteten Naturbadeteich. Er dient im Winter als Tauchbecken nach dem Saunagang.
ⓘ **Taubers Bio-Vitalhotel**, Fam. Tauber, Pustertaler Str. 7, St. Sigmund/Kiens, Tel. 0474 569500, www.taubers-vitalhotel.com, Öffnungszeiten Hotel: Weihnachten–Ostern und Mai–Nov.

Veranstaltungen und Termine

Bioland Seminar
Zweitägige Infoveranstaltung mit Fachvorträgen in allen Bereichen der Biolandwirtschaft (Obst-, Gemüse-, Ackerbau, Viehwirtschaft, Imkerei, Ökologie und Naturschutz sowie allgemeine Themen), Jänner/Februar mit wechselndem Veranstaltungsort.
www.bioland-suedtirol.it

Leseabende, Bozen
Rudolf Steiners Werk „Der landwirtschaftliche Kurs" wird von November bis März jeden 2. und 4. Mittwoch im Monat, ab 20 Uhr, bei Lese- und Gesprächsabenden mit wechselndem Veranstaltungsort, gemeinsam besprochen. www.biodynamik.it

Biodynamische Flurbegehungen
Von Ende März bis Mitte Juni veranstaltet die Arbeitsgemeinschaft für biodynamische Landwirtschaft Flurbegehungen; meistens jeden 2. und 4. Mittwoch im Monat von 16–19 Uhr, mit wechselnden Treffpunkten. www.biodynamik.it

Präparatetage für biologisch-dynamische Präparate
Zweimal im Jahr, am ersten Samstag im Mai und am ersten Sonntag im Oktober, werden beim sogenannten Präparatetag die biodynamischen Präparate gemeinsam hergestellt bzw. vorbereitet, Veranstaltungsort ist meist ein Hof oberhalb von Salurn; nur für Mitglieder der ARGE biodynamische Landwirtschaft. www.biodynamik.it

Biodynamisches Fest

Biomarkt mit biologischer Verköstigung und Unterhaltung für die ganze Familie; das biodynamische Fest findet Ende Mai oder Anfang Juni mit wechselndem Veranstaltungsort statt. www.biodynamik.it

Bioland Sommergespräche auf der Alm

Alle zwei Jahre organisiert Bioland Südtirol Ende Juli/Anfang August auf einer Südtiroler Alm eine unterhaltsame Infoveranstaltung mit biologischer Verköstigung. www.bioland-suedtirol.it

Bioherbstfest Neumarkt

Biomarkt, Kulinarisches und Kunsthandwerk unter den Lauben von Neumarkt, Ende September, meist ein Samstagvormittag. www.bioinsuedtirol.it

Biologisches Erntefest Brixen

Biomarkt mit Vollwertgerichten und Unterhaltung für die ganze Familie im Vinzentinum in Brixen, am 1. Sonntag im Oktober. www.bioinsuedtirol.it

Bioherbstfest Algund

Biomarkt, Kulinarisches und Kunsthandwerk in Algund, am 3. Sonntag im Oktober. www.bioinsuedtirol.it

Biolife-Messe Bozen

Große Messe mit zahlreichen Biolebensmitteln aus dem In- und Ausland sowie ökologisch nachhaltigen Textilien, Kosmetika, Gebrauchsgegenständen usw. in der Messe Bozen, 3–4 Tage im November, meist zeitgleich mit der Herbstmesse und der Messe Nutrisan. www.biolife.it

Register